Günter von Hummel

überwältigt

(overwhelmed)

Theorie und Praxis eines neuen
selbsttherapeutischen Verfahrens

Das Umschlagsbild der Malerin T. Heydecker (semantik-art.com) mit dem Titel ‚Drift' zeigt rechts oben den noch ungeformten Ball der menschlichen Seele, der sich wandelnd nach links driftet, wo er aussieht wie ein Virus (das Bild ist vor der Covid19 Pandemie entstanden), das jedoch aus Buchstaben besteht, die im Kreis geschrieben eine wichtige Formulierung in diesem Buch darstellen. Schließlich breitet sich alles in ein cytoskelettartiges Gewebe aus, das die Seele des Menschen als voll entwickelt symbolisieren soll.

© 2021, Günter von Hummel
Herstellung und Verlag: Books on Demand, Norderstedt
ISBN 9783754355756
Lektorat: S. Möckel, München

Inhaltsverzeichnis

FSC
www.fsc.org

MIX

Papier aus ver-
antwortungsvollen
Quellen
Paper from
responsible sources

FSC® C105338

dem *Anderen*, bezeichnete Lacan eine Mischung aus Überich (Pflichtich) und dem Alter Ego in einem selbst, der oder das sich aus Verinnerlichungen der Eltern, Lehrer und weiterer bedeutender Anderer gebildet hat. Dieses Gebilde in der eigenen – unbewussten – Seele besitzt eine gewisse Neutralität, da sich die Stimmen all dieser Figuren überlagern, auch wenn sie das Bedeutsame behalten. Ich nehme im zweiten Teil dazu ausführlich Stellung und komme dann noch weiter auf all dies später zurück, wenn ich beschreibe, wie aus Psychoanalyse und Meditation ein eigenes, übergreifendes Verfahren entwickelt werden konnte, das für jeden Einzelnen leicht zu erlernen ist.

Denn freilich hat das Nebenher von Psychoanalyse und Meditation auf Dauer keinen Sinn. Ich musste also die wesentlichen Eckpunkte beider Methoden einander gegenüberstellen, sie vergleichen und neu in einer  übergeordneten Ausdrucksweise verbinden. Doch so sehr dieses neue Verfahren in seiner Praxis einfach zu erklären und anzuwenden ist, so sehr ist es dennoch notwendig, die wissenschaftlichen Rahmenbedingungen zu schildern, die es auch wirklich plausibel machen. Viele Leser werden mich nicht kennen und können daher nicht unmittelbar mit einer Methode beginnen, die mit kurzen Worten ohne jeden Hintergrund erklärt ist. Wenigstens den Kern dieses Verfahrens, das ich *Analytische Psychokatharsis* genannt habe, muss ich also durch erklärende Schilderungen einrahmen, und so will ich es schon hier im Vorwort kurz darstellen. Im Zentrum steht nämlich etwas sprachlich rein F o r m a l e s, fast mathematisch Formelhaftes, wie es für die Psychoanalyse als auch für die Meditation wesentlich ist. Dieses sprachlich Formelhafte ist hier detaillierter abgebildet, und es entdeckt zu haben, war für mich auch überwältigend.

Es handelt sich nämlich um eine aus dem Lateinischen entnommene formelartige Verbalisierung, ‚Verwortung‘, die im Kreis geschrieben von verschiedenen Buchstaben aus gelesen unterschiedliche Bedeutungen beinhaltet. Ich bezeichne es als *Formel-Wort*. Genau-so – nämlich mit derartigen Schnittstellen zwischen den einzelnen Buchstaben versehen – ist das psychoanalytisch Unbewusste aufgebaut und so ist es auch als Stütze zur Meditation im Sinne des gedanklich Neutralen geeignet. Man kann also in der gezeigten Abbildung beim E anfangen und ENS CIS NOM oder beim N links und NOMEN SCIS herauslesen. Auch von anderen Buchstaben aus lassen sich so lateinische Bedeutungen erkennen, die ich später ausführlich übersetzen und darstellen will, wenn es um das Verfahren der *Analytischen Psychokatharsis* im Speziellen gehen soll. Denn vorerst will ich einen Überblick über das Ganze an Hand des Titels ‚überwältigt‘ geben.

Wie vom Freud'schen Versprecher her bekannt, verrutschen hierbei die Schnittstellen und geben eine andere, unbewusste, verdrängte Bedeutung frei. Gleichermaßen ist auch für die Meditation eine Formulierung, die durch die zu vielen Bedeutungen k e i n e n Sinn hat, da sich die Bedeutungen für die Gesamt-Formulierung gegenseitig auslöschen, die also neutral bleibt, wichtig. Dass die mehrspruchartige Formulierung keinen Sinn hat und damit neutral bleibt, liegt nicht daran, dass sie unsinnig ist, sondern – wie auch in der Psychoanalyse vom Traum gesagt wird – dass sie ‚überdeterminiert' ist (zu viele Bedeutungen, zu viele Einzelsinne, das Mehrspruchartige, stecken in dem einen, in sich geschlossenen Schriftzug). Diese Überdeterminierung ist ein ganz wichtiger Begriff in der Psychoanalyse und so auch in der *Analytischen Psychokatharsis*.

Was den Freud'schen Versprecher angeht, die frühere französischen Justizministerin R. Dati hat ein gutes Beispiel dafür geliefert, als sie statt von Inflation von Fellatio gesprochen hat. Man kann präzise das Verrutschen und Überdeterminierung der Buchstaben sehen, wenn es auch für die Betroffene ein sehr peinliches Beispiel war. Die ganze Nation hat gelacht. Nur zwei Buchstaben sind aufgrund mehrfacher Bedeutungen verrutscht. Im Hintergrund wurde dieser Versprecher sicher dadurch mit verursacht, dass die Ministerin ein geheimes Liebesverhältnis hatte und den Mann ihres Kindes nie verriet. Mehrere Bedeutungen haben sich also in ihr verwickelt, haben Berufliches und Privates durcheinander gebracht und in ihr Druck erzeugt, und so hat ihr Versprecher sie selbst überwältigt. Es handelt sich so gesehen um eine Überwältigung von innen heraus, die für den Betreffenden nur gut ist, wenn er den Sinn dieses Versprechers erkennen und anerkennen kann.

Wie die einzelnen Bedeutungen dieses in der Abbildung oben gezeigten Beispiels lauten, vermittle ich also in einem späteren Teil des Buches, in dem die Methode ausführlicher beschrieben wird. Die in einem durchgehenden Schriftzug steckenden Bedeutungen sind auf jeden Fall nicht so brisant wie die im Beispiel von R. Dati, sondern sind dermaßen disparat, d. h. so unterschiedlich, dass man aus ihrer Gesamtheit jedenfalls keinen definitiven Sinn herauslesen kann. Die Struktur des *Formel-Wortes* stellt sich genauso wie die des Versprechers dar, die Verwendung ist jedoch genau umgekehrt. Die Disparität der verschiedenen, durch Schnittstellen erzeugten Bedeutungen im *Formel-Wort* sorgt also dafür, dass man sich in der Meditation zwar der Überwältigung durch den als Folge der Überdeterminierung entstandenen Nichtsinn aussetzt, doch gerade dadurch wird das Unbewusste provoziert, in Form einer gewissen Überwältigung einen Sinn herauszugeben.

Jetzt handelt es sich um keinen verdrängten Sinn wie um den, der beim Versprecher herauskommt, sondern um einen infolge der ‚logischen Selbststruktur‘ im Formel-Wort provozierten Sinn, der der Selbstpraxis, Selbsterkenntnis und Selbsterfahrung dient.

Doch der Reihe nach und auch dem Titel entsprechend fange ich mit dem Überwältigt Sein in der Psychoanalyse an, wo es immer wieder passiert oder auch durch sogenannte ‚enactments‘ (Eingriffe, Interventionen in das neutrale Vorgehen des Therapeuten) willkürlich entsteht. Gleich im ersten Beispiel zitiere ich ein – noch dazu unbewusst geschaffenes ‚enactment‘, während solches sonst vom Therapeuten bewusst initiiert wird. Eines der bekanntesten Vorfälle dieser Art war die ‚mutuelle (wechselseitige) Analyse' des Freudschülers S. Ferenczi. Er legte sich manchmal selbst auf die Couch und plapperte von sich weg, was dann der Patient interpretieren konnte. Diese besondere Art der Überwältigung wurde von Freud schwer missbilligt, führte sie doch zu weitgehend unkontrolliertem Vorgehen.

Eine andere Art der Überwältigung beschrieb die amerikanische Psychoanalytikerin A. Saketopoulou. Sie behauptete, dass Beziehungen letztlich immer noch ein ungelöstes Rätsel enthalten, das nur gelöst werden kann, wenn es zu einer Art intimen Situation des ‚overwhelmings' (der Überwältigung) kommt.[1] Die Autorin beginnt ihren wissenschaftlichen Artikel mit der Geschichte einer Mutter (Imani), die mit ihrer vierjährigen Tochter (Lumi) spielt:

„Spiel das Monster", fordert Lumi die Mutter auf. Imani verwandelt sich augenblicklich in einen stattlichen Menschenfresser und springt auf ihre Tochter zu. „Ich werde dich auffressen", knurrt sie drohend. Lumi windet sich aus Imanis festem Griff heraus und kreischt vor Freude. Sie wehrt sich und kichert ungezwungen. Dann brüllt sie aber ganz plötzlich 'Stopp' und Imani hört auf. Sie schauen einander an, ein Augenblick verstreicht und Lumi befiehlt: „Nochmal!" Imani fängt wieder an. Wieder grabscht sie, wieder ist sie das gruselige Monster,

---

[1] Saketopoulou, A., Der Drang zur Überwältigung, PSYCHE Nr. 4 (2020) S. 239-279

wieder ist sie unheildrohend und beängstigend. Lumi lacht. „Stopp!" befiehlt sie abermals. Imani hört auf. Sie wiederholen dieses Szenario noch eine Weile. Nach ein paar weiteren Wiederholungen macht Lumi einen unzufriedenen Eindruck. Dann findet sie eine Lösung. „Wir spielen ein anderes Spiel", kündigt sie an. „Ich befehle dir das Monster zu spielen, du grabscht nach mir und erschreckst mich; ich sage ,Stopp!'; aber dieses Mal" – und sie betont jetzt jedes Wort einzeln – „hörst – du – nicht – auf!" „Ich höre nicht auf", zögert Imani? „Nein", antwortet Lumi voller Zuversicht, „du machst weiter und weiter, immer länger weiter". „Aber wenn es zu viel wird, was dann?", fragt Imani beklommen. Das kleine Mädchen scheint sich jedoch überhaupt nicht für diese erwachsenen Fragen der Sicherheit oder der umsichtigen Feinjustierung zu interessieren. Es scheint sie nicht zu beunruhigen, dass die Frage sicherer Grenzen unbeantwortet bleibt. „Du darfst nicht aufhören, sonst klappt es nicht", entgegnet sie ungeduldig." Mach dir keine Sorgen, wir machen einfach weiter und weiter, immer länger weiter".

Die Autorin benutzt im Verlauf ihres Artikels dieses Beispiel für Beziehungen, in denen es um das Wesen des zutiefst verdrängten Freud'schen ,infantil Sexualen' geht. Saketopoulou benutzt diesen Ausdruck des französischen Psychoanalytikers J. Laplanche, um die äußerst frühen und tief gehenden Verdrängungen zu konzeptualisieren, also das Urverdrängte, das in der üblichen Psychoanalyse nicht tangiert wird und nicht zur Sprache kommt, denn es ist auch mit dem Aggressiven eng verbunden. Dieses

‚overwhelming', dieses Überwältigt Sein und Überwältigen, kann nunmehr – so die Autorin – dabei helfen, das letzte Rätsel in einer therapeutischen Beziehung aufzubrechen und zu lösen,

Saketopoulou verrät nicht, wie das Spiel zwischen Lumi und ihrer Mutter weitergegangen ist, doch man kann es sich denken. Imani, die Mutter, wird wohl etwas länger und vielleicht mit ein bisschen verändertem Knurren und Zähnefletschen das Monster gespielt haben, auch noch nachdem ein „Stopp" gefallen ist. Denn das weitere Spiel zu verweigern wäre für Lumi nicht nur enttäuschend gewesen, sie hätte irgendwann – vielleicht in einer noch heikleren Situation – so etwas Ähnliches wie dieses Überwältigungsspiel wieder versucht. So aber konnte Lumis Mutter schon bald nach Beginn des neuen Spiels, indem sie, die sie ihre Tochter weitgehend gut kennt, das Gefühl hatte, dass es mit der Überwältigung lang genug weitergegangen ist, ein geschicktes Ende finden. Sie könnte zum Beispiel stöhnen und sagen, dass dem Monster jetzt die Kräfte auszugehen drohen, die Prankenmuskeln erlahmt sind und die Krallen abgewetzt, so dass man das Spiel ein anderes Mal wieder aufnehmen muss, wenn das Monster sich wieder erholt hat. Dass das Monster sich schnell erschöpft hat, wird Lumi verstehen können. Sie wird beruhigt sein und wissen, dass das Spiel ein anderes Mal wieder aufgenommen wird.

Sekatopoulou schreibt selbst dazu differenzierter als ich, indem sie der Mutter kein weitgehendes In- und Auswendig-Kennen ihrer Tochter unterstellt. Vielmehr wird die Mutter durch die Aufforderung, Lumis ‚Nein‘ nicht als ‚Nein‘ zu verstehen, in ein eigenes, unbewusstes und bei jedem Menschen irgendwie immer vorhandenes Sexual- Aggressives verstrickt. Imani, die Mutter, muss also Angst vor sich selbst bekommen, meint die Autorin. „Auf der bewussteren Ebene wird sie einwilligen müssen, sich über ihre Sorge, Lumi nicht zu verärgern oder gar zu verletzen, hinwegzusetzen. Auf einer weniger bewussten Ebene muss sie gewillt sein, ein unbewusstes, weitgehend sadistisches Begehren in ihr zu tolerieren, ein Begehren, das nicht pathologisch, sondern uns allen gemein ist. . . Imani wird nicht einfach ‚unschuldig‘ weiterspielen können".

Umgekehrt, so die Autorin weiter, darf man den Verzicht auf geregelte Grenzen nicht als „masochistische Passivität missverstehen". Im Gegenteil, es handelt sich um eine „radikale Rezeptivität", um eine Art der Empfänglichkeit oder Hingabe. „Daher erfordert Imanis Teilnehme am Spiel paradoxerweise eine provisorische Hingabe *an* Lumi, an Lumis Begehren und an die Unerkennbarkeit dessen, was da gleich kommen wird. Lumi stellt aber auch ihrerseits die Bedingungen einer Hingabe auf, auch wenn sie sich als Kind dessen weniger bewusst ist". Kurz: die Autorin will darauf hinaus, dass es sich um ein „asymmetrisches Sich-gehen-lassen" handelt, vergleichbar dem was sich in einer psychoanalytischen Sitzung auch abspielt.

Die psychoanalytische Sitzung definierte Lacan in ganz ähnlicher Weise. Für sie gilt der Satz: „Ich bitte dich zurückzuweisen, was ich dir anbiete – denn das ist es nicht. Ist was nicht? Was ich begehre. . . Mit diesem Begehren – was ich dir anbiete, das nicht das ist, was du begehrst – könnten wir die Sache leicht schließen, damit nämlich, dass du begehrst, dass ich dich bitte. Und so geht es unbegrenzt weiter. Wer sieht nicht, dass eine derartige Verkettung für den analytischen Diskurs grundlegend ist"?[2] Weder der Therapeut noch der Patient wissen genau, auf was sie sich einlassen, und so wird es letztlich – wenn man sich nicht mit der Unbegrenztheit (hier von Bitte, Zurückweisung, Begehren und erneuter Bitte) beschäftigen will, die Freud auch als die ‚unendliche Analyse' bezeichnet hat – eine Überwältigung geben müssen.

Es wird sie deswegen geben müssen, weil es nirgendwo eine wirkliche, nachhaltige Befriedigung gibt, schon gar nicht in der Sexualität. In ihr existiert immer irgendwo eine Überwältigung, und wenn man Glück hat, fällt diese „grenzzustimmend" aus, wie Saketopoulou es auch für ihre Arbeit beschreibt. Sie will sich damit abgrenzen von den ausgehandelten Zustimmungen der Liebespaare, die vereinbaren, was in gegenseitiger Erotik geschehen darf und was nicht. Diese modernen Liebestechniken beinhalten nun wirklich nicht das Sich-gehen-lassen, die Freiheit, den Rausch und den illusionären Vereinigungswunsch, zu dem es kommen soll. Denn da stören die Worte. Auch wenn die Überwältigung nicht ohne Risiko ist, ist das *Wort-Wirkende*, der verbale Signifikant alleine zur ihrer Erfassung nicht völlig ausreichend. Es braucht

---

[2] Lacan, J., Seminaire XIX (2011) S. 92

auch das *Bild-Blick-Wirkende*, den imaginären Signifikanten.[3]

Die Übertragung, in der man üblicherweise Bedeutungen auf den Therapeuten aus früheren oder anderen Beziehungen überträgt, die auch ganz inadäquat sein können, nennt man positiv, weil sie dem Gesprächsvorgang dient. Aber im Falle einer Überwältigung oder Missverstehens kann sie ins Negative kippen, wonach der Patient oft die Behandlung abbricht. Lumis Mutter wird also wie eine behutsame Psychotherapeutin agieren müssen, so wie es Saketopoulou in dem Fall der Patientin, deren Behandlung sie anschließend an die Geschichte von Imani und Lumi aus ihrer psychoanalytischen Praxis schildert, und die mit dem ‚overwhelming' arbeitet, auch tut. Sie hat die Patientin nicht mit einer gewagten Deutung überwältigt, hat auch nicht, was oft der beste Weg in der psychoanalytischen Therapie ist, sich für ein zaghaftes, behutsames „erzählen Sie . . ." weiter entschieden, sondern sich selbst von ihrer Patientin ein bisschen überwältigen lassen.

Die afroamerikanische Patientin hatte in der Therapiesitzung davor von ihren Gewaltphantasien im Zusammen-

---

[3] Ich beziehe mich hier auf Lacans Theorie der Signifikanten, der realen Bezeichner, die von der Philosophie nicht richtig erfasst werden, da sie glauben, dass die Worte immer das sagen, was sie bedeuten (und umgekehrt: bedeuten, was sie sagen). Die Geisteswissenschaftler verleugnen das Unbewusste, das bei allem, was geschieht, meinungsbildend mitspielt. Die Naturwissenschaftler dagegen, verleugnen in der bildlichen Darstellung der Natur sich selbst als Subjekt.

hang mit ihrer lesbischen Freundin gesprochen, wo es im Sinne einer subtilen sadomasochistischen Überwältigung zu einem – wie die Patientin selbst sagte – seelischen ‚Aufbrechen' gekommen war. Und so hatte sich die Therapeutin schon vor der Therapiestunde als leicht angespannt und nervös empfunden, da sie der Fall besonders interessierte, und schnell noch einen ‚griechischen Kaffee' getrunken. Dessen Aroma bemerkte die Patienten zu Beginn der Sitzung, was sie an ein traumatisches Ereignis mit ‚griechischem Kaffee' erinnerte, von dem auch die Therapeutin wusste. Doch keine von beiden sprach diesbezüglich ein Wort. In der Folge führte dies zu einer etwas missverständlich-verwirrenden Situation. Die Patientin fing zu weinen an, schluchzte immer mehr, was die Psychoanalytikerin in eine Phase von Unsicherheits-, Schuld- und Beklemmungsgefühlen brachte. Sie war nunmehr selbst überwältigt und konnte nichts dazu sagen. Schließlich stand die Patienten nach einiger Zeit auf und ging ohne ein Wort nach Hause.

Solch ein Geschehen nennt man auch die von mit bereits erwähnte negative Übertragung, wonach der Patient oft die Behandlung abbricht. Dich die Patienten kam wieder und die Therapie ging positiv weiter, denn man kam nun doch dazu vom ‚griechischen Kaffee' zu sprechen. Nun gab es genug über diese Überwältigungserlebnisse zu reden, was sie aufgebrochen hatten und welche Deutungen damit angeregt wurden. Mich interessierte Theorie und Praxis dieser Thematik jedoch zudem deswegen, weil sie auch meinen Veröffentlichungen über das von eingangs erwähnte psychoanalytisch/meditative Verfah-

ren der *Analytischen Psycho-katharsis* entgegenkommt.
Denn gerade in dem meditativen Teil dieser Methode
setzt man sich – wie wohl bei vielen anderen Meditationsverfahren auch – der Stille und dem Dunkel, dem
Nichts, der Leere und das heißt der Überwältigungsmög-
lichkeit in einem selbst aus, so wie es offensichtlich auch
Lumi, nichtsahnend von den Implikationen, ihrer Mutter
gegenüber tun wollte.

Es ist eine uralte Geschichte, dass es im Menschen oder
in seinen unmittelbaren Beziehungen, die sein Innerstes
zum Innersten eines Anderen hat, eine enigmatische Höh-
le, einen unüberbrückbaren Abgrund oder irgendein anderes angsterfüllendes Geheimnis gibt. Seit Freud nennt
man es das Unbewusste und hat man hauptsächlich den
Weg beschritten, der zu diesem Innersten einen Zugang
speziell durch das Wesen der Sprache, also der symbolischen Ordnung, des *Wort-Wirkenden*, bekommt.[4] Inzwischen gibt es Bibliotheken psychoanalytischer Literatur,
die erklären, wie der Therapeut seinen Patienten in die
wunderbare Landschaft der Seele wandern, straucheln,
gleiten und stolpern lässt – der Patient darf alles sagen,
was ihm spontan in den Sinn kommt, Größenphantasien,
Blödheiten, Peinlichkeiten und endlos ausgeschmückte
Tiraden – bis er eben irgendwo daneben tritt.

---

[4] Ich bezeichne das, was Lacan den verbalen Signifikanten
nennt, als das *Wort-Wirkende*, und den imaginären Signifikanten, als das *Bild-Wirkende*. Es geht um das, in was das Wort
oder das Bild an der Realwirkung beteiligt ist.

Das Danebentreten wird ihm dann als Zusammenhang seines Widerstandes gegen die eigentliche Wahrheit und seines, verdrängten Begehrens enthüllt, und dann logisch aufbereitet. Dieses Vorgehen ist möglich, weil das *Wort-Wirkende* mit dem *Bild-Wirkenden* verkettet ist und sich so Bedeutungen, Sinn und Unsinn, Freud'sche Theorie und der Widerstand dagegen ständig überschneiden. Diese „Kette der Signifikanten", des *Bild-Wort-Wirkenden,* beschreibt Lacan so: „Ringe [*Bild-Wirkendes*], die in einer Kette sich in den Ring einer anderen Kette einfügen, die wieder aus Ringen [*Wort-Wirkendes*] besteht."[5] Ich muss dies alles gleich am Anfang so kompliziert ausdrücken, weil es das Grundgerüst der Thematik dieses Buches darstellt. Aber das *Bild-Wirkende* des Verfahrens reicht so gehandhabt nicht aus, denn es fehlt die Praxis, die Ringe werden nicht erfahren.

Im Zentrum der Psychoanalyse steht zwar eine derartige Ringstruktur in Form des Ödipus- und/oder Kastrations-Komplexes, der den Knaben zum mörderischen Rivalen und Hasser seines herrschenden Vaters macht, sowie diese Logik ihn auch zum perversen Liebespartner seiner königlichen Mutter erklärt. Eine Verkettung also in horizontaler (Rivalität und Liebschaft) und vertikaler (Herrschaft und Perversion) Richtung. Viele Analytiker haben jedoch versucht und versuchen es immer noch, die Be-

---

[5] Lacan, J., Schriften II. Walter-Verlag (1975) S. 26. Ich verwende statt Lacans Begriff der imaginären und verbalen Signifikanten, den des *Bild-* und *Wort-Wirkenden.*

grenzung dieser Theorie durch tiefergreifende Begründungen (also um ein paar Ringe mehr) zu erweitern. So schrieb die Psychoanalytikerin J. Le Soldat, dass im Mittelpunkt der Ödipus Geschichte die Sphinx steht und nicht nur das Drama um das Königspaar und deren Sohn.

Freud – so meinte Le Soldat – wollte nicht in die glühenden Augen der Sphinx schauen, die mit ihrem Blick die Männer verhexte. Sie hat Freuds Traum von ‚Irmas Injektion', den Freud als denjenigen Traum bezeichnete, der ihm das Wesen des Traums enthüllte, als von ihm selbst falsch gedeutet analysiert.[6] Viel zu sehr hätte Freud nur die libidinösen Seiten seines Traumes beschrieben, die aggressiven aber nicht erwähnt. Der Traum handelt von einer Patientin namens Irma, die bei Freud in verunglückter seelischer und bei seinem Freud Fließ in verunglückter HNO- ärztlicher Behandlung war. So deutet Le Soldat den Satz Freuds in diesem für die Psychoanalyse so wichtigen Traum von Freud: „Irma, die ich sofort *beiseite nehme, um* . . . " , dass Freud hier jemand *beseitigen* wollte, und zwar sein bereits erwartetes sechstes Kind. Denn dies störte jetzt seine Karriere.

Aber auch eine homosexuelle Beziehung zu einem Kollegen, der im Traum vorkommt, soll Freud – Le Soldats Schlüssen folgend – *beseitigt* haben wollen. Man muss zugeben, dass Le Soldat diese ihre Deutungen plausibel mit zahlreichen Beispielen belegt, sie stehen auch Freuds Auffassungen vom Traum als einen als erfüllt dargestell-

---

[6] Le Soldat, J., Eine Theorie menschlichen Unglücks, Fischer (1994)

ten Wunsch nicht entgegen. Nach allem, was man inzwischen weiß, wird es sicher so sein, dass letztlich noch andere Wünsche, als Freud sie zugibt, in diesem Traum versteckt sind. Nun ändert dies nichts am Wert der Freud'schen Entdeckung, die sich vor allem auf die Therapie von Neurosen bezieht (Hysterie und Zwangsneurose). Außerdem muss man ja auch berücksichtigen, das Le Soldat die Methode der Traumdeutung genau von ihm hat, vom Vater der Psychoanalyse, dem man ja nicht wieder, wie Ödipus es tat, den Garaus machen kann. Doch trotzdem, so Le Soldat weiter, vermittelt die Sphinx letztlich in märchenhafter Form das psychoanalytische Grundproblem.

Dieses besteht ihrer Ansicht nach in der martialischen Sexualität, in der Männer die Väter nicht nur ermorden wollen, sondern sie auch ihres Geschlechts berauben und den Müttern und Frauen große Phalli andichten, von denen sie penetriert werden möchten. Das Ganze führt zu den wildesten, sexistischen Phantasien, die das Unbewusste als ein uferloses, gewalttätiges und sexuelles Bild-Geschehen, *Bild-Wirkendes*, als ein – im Gegensatz zur symbolischen Ordnung, zum *Wort-Wirkenden*, – aggressiv-erotisches ‚overwhelming' darstellen. Le Soldat versucht sozusagen Freud mit seinen eigenen Waffen zu schlagen und ihn umzudeuten. Die Kritik auch von anderer Seite ist letztlich die, dass Freuds „primärer Narzissmus" sich auch als autosexistisch erweist, sowie sich der kulturell-gesellschaftliche Diskurs auch heute noch überbordend als psychoanalytisch-normierend darstellt, was zu wenig in die Tiefe geht und daher neu müsste.

Le Soldats Theorien sind von vielen anderen Psychoanalytikern in unterschiedlichen Konzeptionen aufgegriffen
worden, wohl eben auch von Saketopoulou. Sie erklärt,
dass „die Arbeit mit der Überwältigung auch das ‚Sexuale' der Psychoanalytikerin aufrühren wird". Und so konnte die Patientin „einen Weg gestalten, sich ihre Klassen-
zugehörigkeit, ihre ‚Rasse', ihr Gender und ihre queere
Sexualität anzueignen ...".[7] Das ist zweifellos eine Hilfe,
denn so wird versucht der Sphinx einen Raum zu geben
aber wie sieht es mit der Vater-Metapher aus, das der
entscheidende Angelpunkt der Freud'schen Psychoanalyse ist? Die Vater-Metapher, Lacan spricht auch vom Va-
ter-Namen als dem zentralen Strukturelement, denn es
geht nicht um den leiblichen, familiären, sozialen, geistigen Vater, sondern um den symbolischen, dessen Sym-
bolkraft, *Wort-Wirkendes* auch damit zusammenhängt,
dass er selbst der Bildner, das *Bild-Wirkende*, der Sprache ist: Wort des Vaters und Bildner des Wortes in einem.

Denn wenn Saketopoulou Laplanche zitiert, dass es „die
sexuellen Triebe des Todes und die *sexuellen Triebe* des
Lebens" gibt, dann wird Freud als Vater-Metapher ähnlich wie bei Le Soldat desavouiert. Denn den Tod mit
einem sexuellen Trieb auszustatten, ginge ihm zu weit.
Die meisten Autoren, die heute darüber schreiben, be-
zweifeln generell die Existenz eines Todestriebs, selbst
wenn dieser Freud folgend mit (desexualisierter) Libido

---

[7] Saketopoulou, A., Der Drang zur Überwältigung, PSYCHE Nr.
4 (2020) S. 272-273

verbunden ist. Ein direkter Trieb des Sexualen (wieder
der Begriff von Laplanche) als Todbringer ist widersprüchlich. Wie soll ein aktiver Trieb den Tod herbeiführen, der eher durch ein Geschehen inneren Zerfalls, von
Krankheit oder äußerer Gewalt zustande kommt. Nach
Laplanche sind – verstärkt ausgedrückt – Sex und Sadismus die einzigen Grundkräfte. Auch wenn es in Krieg,
Politik, Finanzwelt und einigen anderen Bereichen oder
im Unbewussten so aussieht, ist es doch ein bisschen
wenig, es so zu theoretisieren. Ich werde später noch
Stellung dazu nehmen.

Die Psychoanalytikerin R. Stein führt ähnliche Argumente an wie Saketopoulou und Le Soldat. Wie es in einem
Abstract ihres Artikels ‚the otherness of sexuality (die
Andersheit der Sexualität) heißt,[8] geht es darum, „eine
erfahrungsnahe Darstellung der Sexualität zu entwickeln,
indem die Idee des Übermaßes (Exzesses) und sein Platz
in der sexuellen Erfahrung rehabilitiert wird. Es wird
vorgeschlagen, dass verschiedene Arten des Übermaßes,
wie das Übermaß der Erregung (Freud), das Übermaß des
Anderen (Laplanche), das Übermaß jenseits der Symbolisierung und das Übermaß des verbotenen Objekts des
Begehrens (Lacan) synergetisch zusammenwirken, um
die zwingende Kraft der Sexualität zu konstituieren".

Auch R. Stein geht also davon aus, dass im Übergang
von den fest gebundenen Instinkten des Tieres beim
Menschen eine übermäßige Freiheit der Triebkräfte ent-

---

[8] Stein, R., The otherness of sexuality: Excess. J Am Psychoanal
Ass 56 (2008) S. 453-71

standen ist, die von Freud nicht genügend erfasst worden sei. Ein Übermaß ist jedoch hilfreich, wenn es, wie R. Stein weiter schreibt, notwendig ist, um zu sehr fixierte „psychische Strukturen zu zerschlagen und angestrebt wird, die Entwicklung neuer Strukturen zu ermöglichen.[9] Stein zitiert auch Arbeiten, die das Übermaß, „den Exzess, als eine Möglichkeit betrachten, mit unserem einsamen, diskontinuierlichen Sein umzugehen, indem sie die ‚exzessive' kosmische Energie, die durch uns zirkuliert, nutzen, um Kontinuität gegen den Tod zu erreichen".[10] Es könnte auch eine Abwehr gegen zu viel ‚Sexuales' sein.

Mit dem Begriff ‚kosmische Energie' klingt bereits an, wie nun auch durch ein Übermaß oder ein ‚overwhelming' in die entgegengesetzte Richtung an psychischer Veränderung erreicht werden kann. Ging es bei den genannten Psychoanalytikern um die verborgene Tiefe einer sexuellen Andersheit, so handelt es sich bei anderen Autoren – auch hier bevorzuge ich Psychoanalytiker, um den Bezug zu meinem Verfahren besser herstellen zu können – um die Arbeiten in die Höhe des Spirituellen, der Mystik oder der Kunst. L. Stein, eine andere Analytikerin, greift auf die Schriften des Freudschülers C. G. Jung zurück und beruft sich auf dessen ‚Numinoses', geistig Überwältigendes, was auf das Wesen früherer Offenbarungen zurückgreift. Es ist etwas, das eben „ungebeten und überwältigend und nicht schrittweise, abge-

---

[9] Bersani, L., The Freudian body, NY, University Press (1986)
[10] Bataille, G., Der heilige Eros, Luchterhand (1963

stuft" erscheint wie eine Psychoedukation oder eine Verhaltenstherapie. [11] Dabei legt die Autorin besonders Wert auf den Begriff der Empfänglichkeit, der auch für die Psychoanalyse notwendig ist. Indem die psychischen Abwehrmechanismen abgebaut werden, wird der Patient für die Deutungen des Therapeuten empfänglich.

Auch ein männlicher Psychoanalytiker namens H. Stein thematisiert den Zusammenhang zwischen Psychoanalyse als Wissenschaft und Mythos, Mystik und Religion als ‚spirituelles' Wissen, also als das Oben von dem Überwältigendes ausgehen kann. [12] Allerdings beschreibt er an keiner Stelle seines ausführlichen Buches klar, dass es in all diesen mystischen und stets dem Esoterischen nahestehenden Aussagen – wohl wie bei der oben gerade genannten Autorin – darum geht, die psychischen Abwehrmechanismen zu überwältigen. Zweifellos überwältigt der Autor auch den Leser mit seinen vielen Bezugnahmen auf Yoga, Buddhismus, Naturmystik und mit reichlichen Hinweisen auf seinen indischen Guru und Lehrmeister Medhananda. Zwar schildert er eindrucksvoll die intensive psychoanalytische Behandlung eines Nierenkranken, und auch wenn keine endgültige Heilung erreicht wird, so sind doch Beeinflussungen auf das Immunsystem des Patienten plausibel dargestellt. Mit anderen Worten: Das ‚Spirituelle' kann genauso wie die klassische Psychoanalyse und die das ‚infantil Sexuale' be-

---

[11] Stein, L., Working with Mystical Experiences in Psychoanalysis, Routledge (2019)
[12] Stein, H., Freud spirituell, Bonz (1997)

treffenden Verfahren durch ein gemeinsames ‚overwhelming' definiert und als therapeutische Konzepte anerkannt werden.

Doch eine letztliche Befriedigung durch all diese Schilderungen stellt sich nicht ein. Der Schlüssel, der möglichst
kompakt, direkt und wissenschaftlich präzise das ‚overwhelming'-Ereignis zum therapeutischen Effekt macht,
ist nicht zu sehen. Er wird vor allem im Bereich des Imaginären, des Bild-Wirkenden, deswegen verfehlt, weil
dessen kaleidoskopische Uferlosigkeit zu so vielen Methoden führt, dass keine Wissenschaftlichkeit erreicht
wird. Das Spirituelle ist nichts Negatives, genauso wenig
wie es diskriminierend ist, der Psychologie der lesbischen
Patienten Saketopolous nachzugehen. Denn die Patientin
wird ja nicht verurteilt, wenn man das Monsterspiel, das
sie mit ihrer Freundin trieb, und das zweifellos männlich
sadistische Elemente enthält, genauer untersucht. Die
Psychoanalytikerin E. Poluda-Korte hat darauf hingewiesen, dass man nicht von weiblicher Homosexualität, sondern vom ‚lesbischen Komplex' sprechen muss, weil
nicht das Sexuelle, sondern der hohe Liebesanspruch im
Vordergrund steht.[13] Die Lesbierinnen „verleugnen nur,
dass der Phallus ein Signifikant ist", meint Lacan. Es geht
nicht um das Organ, sondern um das Symbol, das *Wort-
Wirkende*, und diesbezüglich dient auch ein überhöhter
Liebesanspruch einer Scheinbeziehung.[14]

---

[13] Poluda-Korte, E., Der lesbische Komplex, Kore (1993)
[14] Lacan nennt die Sexualität eine Scheinbeziehung, sie scheint
strahlend auf, ist aber Beziehung nur dem Anschein nach.

Und genau dies, die Vater-Metapher, der väterliche phallische Signifikant, mit dem der Sohn rivalisiert, möchte ich im Fall der genannten Therapie auch gerne das Liebesmonster nennen, das Saketopoulou in der Therapie nicht anspricht, obwohl sie doch das Monsterspiel zum Vorbild nimmt. Gewiss ist das Märchen ‚La Belle et la Bête‘, die Schöne und das Liebesmonster, für heutzutage kein gutes Vergleichsbeispiel mehr. Das Liebesmonster, das Männliches und zugleich Paternales und Potenzsüchtiges, vereinen soll, ist ja nicht scheußlich, es ist in diesem Märchen jedoch einfach daneben, misslungen, queer und irrelevant, auch indem es sich – liebt man es nur genügend – in einen wunderbareren Prinzen verwandelt. Wer glaubt denn heute noch so etwas. Das Biest ist ein phallischer Signifikant, und man muss von ihm reden oder es ‚gelungen verdrängen‘, d. h. total vergessen, was im Fall der Patientin Saketopoulous aber nicht möglich war. Hätte die Therapeutin die auf die Verbindung von Mann und Vater gerichtete Monster-Metapher nicht irgendwie ansprechen sollen?[15]

Die Szene mit dem ‚griechischen Kaffee‘ kam nur dadurch zustande, dass beide, Patientin und Therapeutin, griechische Wurzeln hatten. Ich nehme an, dass die Patientin Frau Saketopoulou deswegen als Analytikerin gewählt hat. Vor einer Klavierstunde ist es z. B. in der

---

[15] Saketopoulou erwähnt das Wort Vater in ihrem 40-Seiten langen Artikel kein einziges Mal, ist doch das Monster gerade durch die Beteiligung des Vatersymbols sprech- und verhandlungsfähig.

griechischen Kultur üblich, einen Kaffee anzubieten. Dieses Geschehen, diese Szene, war für die Patienten insofern traumatisch gewesen, weil sie diesen Kaffee vor der Klavierstunde hastig - gefolgt von ‚brennender Bitterkeit' – hinuntertrank. Denn die Lehrerin lud griechischem Ritus entsprechend dazu ein, die Patientin wollte jedoch nicht viel Zeit damit zu verlieren, die von der Unterrichtsstunde abging, die die Mutter bezahlte.

Klingt das plausibel? Ihre Schwester – mit von der Partie – ließ den Kaffee oft stehen, und die zwei, drei Minuten Zeitersparnis hat nicht die Welt gekostet. Ich denke, das Klavierspielen war der Patientin grundsätzlich zuwider, was ja bei Kindern häufig der Fall ist. Ihr Verhalten war eher gegen die Mutter gerichtet als dazu, sie vor zu viel Ausgaben zu schützen. Im Sinne einer Umdrehung der Situation wandte sich die Patientin aggressiv gegen sich selbst, hat sich selbst überwältigt die Kehle zu verbrennen, anstatt dass sie mit der Mutter und der Klavierlehrerin einmal darüber geredet hätte, wie man das Kaffee-Ritual anders handhaben könnte.

2. Das ‚overwhelming' in Mathematik und Psychoanalyse

Als Vater oder Bildner der Wissenschaften wird ja gerne die Mathematik bezeichnet.[16] Mit der Verbindung von Mathematik und Psychoanalyse hat sich Lacan ausgiebig beschäftigt. Er betonte mehrmals, dass es bis heute keine fassbare Empirie der ersten ganzen Zahlen gibt und so der Mathematik etwas Unfertiges anhaftet. „Weil die Mathematik das Unfertige in sich trägt, kann sie helfen, es vielleicht besser zu verstehen und einen Weg dorthin zu finden. Das greift Lacan auf. Er spürt in der Mathematik seiner Zeit etwas, um zu fassen, was sich in der Sprache nicht ausdrücken lässt. Er möchte eine ebenso unanschauliche, ja unverständliche und doch zugleich präzise und in verschiedensten Anwendungen erfolgreiche Sprache finden, wie es der Mathematik möglich ist. Meistens wird der Mathematik ihre Sprachschwäche und Unanschaulichkeit vorgeworfen, aber Lacan sieht genau hier ihre Stärke. Die Mathematik enthält etwas Fremdes, das er in seinem Denken aufgreifen und nutzen will".[17] Kurz, er will sich von der Mathematik überwältigen lassen.

---

[16] Hier ist insbesondere Euklid aus dem 4. Jahrhundert vor Christus mit seinem Buch ‚Die Elemente' (Ta Stoicheia) herauszuheben. To Stoicheion heißt auch Buchstabe, Prinzip, Grundstoff, alles Symbole für den Anfang, den ich auch mit dem Begriff der Vater-Metapher favorisiere.

[17] www.tydecksinfo, Der noch unbereitete Körper einer neuen Mathematik.

Es ist vor allem ihre Präzisionslust, mit der sich die Mathematik von der Sprache unabhängig machen möchte, und so schreibt Lacan „das Genießen des Realen" dem Mathematiker zu (während dem Genießen des Symbolischen die Sprechlust und dem Genießen des Imaginären die Körperlust zufällt). Es gibt Stützpunkte des Genießens in der menschlichen Entwicklung, so z. B.im Alter von eineinhalb Jahren in Form des ‚Spiegelstadium des Kleinkindes', indem sich für das heranwachsende Kind ein erstes Spiegel-Ich erstellt. In Alter von vier, fünf Jahren zeigt sich wiederum so ein Stützpunkt in der von Freud so genannten ‚phallischen Phase', in der der Geschlechtsunterschied erkannt wird und mit unterschiedlichem, aber gleich strukturierten (nämlich phallischem) Sexualstolz die Ich-Identität weiter ausgebaut wird. Mit der Pubertät erscheint ein weiterer Stützpunkt, und die Rhythmik dieser Punkte stellt nunmehr eben eine mathematische Grundlage dar, die nicht mehr an erfundenen Zahlenfolgen, sondern an psychisch-somatischen Einschnitten, an Signifikanten der menschlichen Reifung festgemacht sind.

Man könnte es auch so sagen: Der Psychoanalytiker und sein Patient haben keine festgelegte Thematik außer der, dass in der eingangs geschilderten Weise gesprochen werden soll, die Überwältigungen zulässt, aber abmildert und verständlich macht. Jeder von beiden stellt zuerst einmal den gleichen Erdbewohner dar, also – beginnend mathematisch – eine Eins. Auch wenn man glaubt, dass die Rollen unterschiedlich verteilt sind, trifft dies nicht ganz zu, denn der Therapeut heißt nur so und der Patient ist eigentlich ein Klient. Zwar steht die Thematik des Seelischen, Psychischen, Subjektiven irgendwie im Raum, aber noch weiß keiner etwas Konkretes vom Anderen. Jeder repräsentiert als Eins also eine Null für die andere Eins. Mit der Zeit des Sprechens und Schweigens wird dann dieser Null-Eins-Abstand immer konkreter werden und einen präziseren Stellenwert bekommen.

Und so ist auch anfänglich die Mathematik eine Eins, die etwas Unfertiges für die andere Eins repräsentiert, die generell, aber speziell auch in der Psychoanalyse dieses suchende, strauchelnde, assoziative und ewig ungenau bleibende Sprechen darstellt. Lacan hat die Unfertigkeit der Sprache aus der langen, unmündigen Kindheitsphase erklärt, schreibt S. Tydecks. „Nicht ein selbstbewusstes und autonomes Subjekt ergreift in freier Entscheidung die Sprache, wie es die Aufklärung darstellte, sondern die Sprache wird vom Kind in einer Situation größter Bedrängnis und unverstandener Konflikte erworben (Verlassenheitsängste, Gefühl dass immer etwas fehlt und nie wirkliches Gelingen möglich ist, Entdeckung des fehlenden Phallus, Suche nach Ersatzobjekten mit Fetischcharakter, Abrutschen in einen analen ganz auf Besitz und Aggressivität ausgerichteten Charakter)".

„Schon da sucht es Halt bei außersprachlichen Stützpunkten. Das kann ein bestimmtes Verhalten sein, mit dem es in dieser Zeit bei den Erwachsenen gut ankommt. Solche Gesten, Gebärden, Züge von Öffnung oder Rückzug werden später sein Auftreten gegen alle Menschen bestimmen. Es können bestimmte Sicherheiten sein, die es bei den Eltern wahrnimmt, sei es ihr Reichtum, ihre Kraft oder einfach ihre Anwesenheit, die für sich schon Sicherheit gibt. Es können aber auch negative Züge sein wie das Gefühl der eigenen Verlassenheit oder ständig wiederkehrende Fehler der Eltern. In diesem Moment ist für das Kind alles wertvoll, was überhaupt in irgend einer Art und Weise »Bestand« hat, im Umgang mit den Erwachsenen immer wiederkehrt. Das Gesetz der ewigen Wiederkehr ist neutral gegen Gut und Böse".

Es sind imaginäre Stützpunkte, um die es beim Kind und später auch beim Erwachsenen geht oder eben auch bei Lacan, wenn er Stützpunkte in der Mathematik findet und diese in seine Texte einbaut. Es geht dann nämlich immer nur um den Null-Eins-Abstand, der ständig variieren kann, je nachdem, was die Worte für Eindrücke hinterlassen. Nun hat sich der Mathematiker E. Kleinert sehr gründlich mit dem Thema Psychoanalyse und Mathematik beschäftigt und auch zu Lacan Stellung genommen. Zuerst schreibt er: „Schließlich und vor allem besteht Mathematik nicht (und bestand auch nie) aus Formeln allein; der Hauptzweck aller Mathematik ist vielmehr, eine Ordnung von Begriffen herzustellen. Prinzipiell kann jeder Gegenstandsbereich mathematisiert werden, sobald nur die Grundbegriffe, die zu seiner Beschreibung dienen, hinreichend scharf gefasst und voneinander abgesetzt sind."[18] Die letztliche Überwältigung durch die mathematische Abstraktion wird zur Ordnung gerufen.

---

[18] Kleinert, E., Mathematik und Psychoanalyse: Versuch einer Annäherung: in Hamb. Beitr. zur Mathematik Nr. 316, 2008

Sodann erklärt Kleinert, dass Lacan „mathematischen Unsinn" produziert habe und verlässt sich dabei auf die Physiker und Mathematiker A. Sokal und B. Bricmont, die gemeint haben, Lacan verwechsle die imaginären mit den irrealen Zahlen. Damit sind sie selbst dem Unsinn zum Opfer gefallen.[19] Lacan sagte nämlich umgekehrt, dass die von den Mathematik erfundene imaginäre Zahl (i = Quadratwurzel aus minus Eins) für die Menschen im Allgemeinen, also für die Alltagsmenschen, etwas Irrationales, also Verrücktes sei, etwas, was schon den jungen Törleß in Musils gleichnamigen Roman äußerst verwirrte,[20] und auch heute noch vielen Menschen Kopfzerbrechen bereitet. Doch mit weiteren Psychoanalytikern (Sciacchitano, Matte Blanco, Bion) geht Kleinert korrekt um und anerkennt insbesondere bei Bion dessen Bemühungen, kommt jedoch trotzdem stets erneut zu dem Schluss, dass sie mathematisch fehlerhaft und völlig unzureichend argumentieren.

Aus der Blickrichtung des Mathematikers ist dies auch ganz in Ordnung. Schuld sind die Psychoanalytiker selber, weil sie ihre Wissenschaft zu weit und zu zahlenbetont mathematisieren wollen. Dies tue ich nicht, wenn ich Lacan so interpretiere, dass es für eine Eins als Stützpunkt nur um die Interpretation der Null für eine andere Eins als ebensolchen Stützpunkt geht, und dass somit die Einsen hinsichtlich des zu findenden Abstandes zur Null sich

---

[19] Sokal, A., Bricmont, J., Eleganter Unsinn, C. H. Beck (1999)
[20] Musil, R., Die Verwirrungen des Zöglings Törleß, Rowohlt (2008)

ständig überwältigen müssen. Denn eine Graduierung, schrittweise Abstufung, gibt es bei der Überwältigung nicht, wie ich es bereits bei der Arbeit der Psychoanalytikerin L. Stein zitiert habe. Und dies ist auch in dieser Art von Mathematik ja nicht vorhanden. Man kann nicht von der 1 zur 1,1, dann zur 1,2, 1,3 gehen. Es gibt eben nicht schon vorgegebene Schritte zwischen dem Psychoanalytiker und seinem Klienten, es gibt keine schon vorgegebenen weiteren Stützpunkte als nur diese beiden Personen allein.

Auch in der Rhythmik der psychischen Entwicklung vom Spiegelstadium bis zur Pubertät und darüber hinaus handelt es sich um Sprünge, um ‚overwhelmings‘. Davon schreibt Kleinert nichts, weil man ihm diese Version psychoanalytischen Denkens nicht vermittelt hat. Im weiteren Verlauf seiner sehr interessanten Abhandlung kommt Kleinert jedoch auf Freuds Traumdeutung zu sprechen, und kann in diesem Punkt gelungene Anhaltspunkte für ein mathematisches Vorgehen finden. Er findet hier Szenisches, das durch bildhafte Ähnlichkeiten und Sprachliches (Wortanklänge), das durch Kategoriales bezeichnet ist. „Die Bestandstücke einer Szene tragen Namen, und diese können durch Anklänge miteinander verbunden sein,“ schreibt Kleinert. Ich erkenne darin das *Bild-Wirkende* (Szenen, Spiegelungen) und *Wort-Wirkende* (Namen, Echodiskurse) wieder. Doch letztlich kommt es darauf gar nicht an. Mir geht es ja nicht um den Zusammenhang von Mathematik und Psychoanalyse, sondern um den einer Mathematik, die die gleichen überwältigende Sprünge tut, und die man von daher mit der Psychoanalyse in präzisen Zusammenhang bringen kann.

Immerhin schließt Kleinert seinen Text mit der Bemerkung, es könnte ja auch umgekehrt eine Psychoanalyse des Mathematischen geben. Sie könnte zeigen, wie der „innere mathematische Apparat, einmal nachhaltig in Gang gesetzt, sozusagen unterirdisch fortminiert und ganz unvorhersehbar, oft bei fernliegenden Beschäftigungen, eine Idee ins Bewusstsein hinaufschickt", sozusagen als plötzliches Auftreten eines Geistesblitzes aus dem Unbewussten, also eines klassischen Überwältigt Seins. Dazu bringt der Kulturwissenschaftler und Philosoph A. Plotnitzky ein originelles Beispiel, indem er sich in einer ausführlichen Stellungnahme mit dem Zusammenhang von Mathematik und Psychoanalyse – und zwar ganz speziell bezogen auf Lacan – beschäftigte. Er fragte sich, „ob Lacan wirklich über den Penis und die Quadratwurzel aus minus 1 mit offenem Gesichtsausdruck gesprochen habe, wie in der New York Times berichtet wurde"?[21]

Ja, nur dass es sich nicht um den Penis handelte, sondern wieder um das Freud'sche Phallische (verkürzt Φ, Griechisch Phi), „das von Lacan theoretisiert", so Plotnitzky weiter, „als symbolisches Objekt angesehen werden kann, insbesondere als Signifikant, der den Signifikanten, denen man bei komplexen Zahlen begegnet, epistemologisch ähnlich ist." Mit anderen Worten: es geht bei die-

---

[21] Plotnitzky, A., On Lacan and Mathematics, Alphaville. com (2009)

sem Vergleich von $\sqrt{-1}$ und Φ um eine Analogie, wie sie auch D. Hofstadter (bekannt aus dem Buch Escher, Gödel, Bach) als wissenschaftlich fundiert beschrieben hat.[22] Genau in diesem Sinne meint Plotnitzky, müsse man eben akademische Mathematik und die Mathematik Lacans nebeneinander stehen lassen und vom Konzept der Signifikanten ausgehen, mit denen ja auch die Axiome und Algorithmen definiert werden. Zudem: es klingt ja sehr witzig und müsste auch jeder Feministin gefallen, dass der Penis alias Φ, der Wurzel aus minus 1 äquivalent ist, dieser irren, ,unmöglichen' Zahl.

Aber es passt dazu, dass Lacan auch behauptete, Φ ist der Signifikant eines Mangels, der ganze Sex sei nur eine Scheinveranstaltung, von der sich nichts Definitives sagen lassen würde. Und von was man nicht mit Bestimmtheit etwas sagen kann, existiert gar nicht, ist eben Blendwerk, Schein. Nun wird das die Menschen nicht abhalten, trotzdem derartige Scheinveranstaltungen durchzuführen. Dem Psychoanalytiker hilft diese Mathematik von $\sqrt{-1}$ jedoch bei seiner Arbeit: er kann die Symptome, an denen der Patient leidet, darauf zurückführen, dass sie ein Scheingefecht seiner verdrängten Wünsche und seines fehlgeleiteten Begehrens sind, die sich in früher Kindheit gebildet haben und von neuen, gestörten Beziehungen immer wieder genährt werden. Und so kann ich wieder darauf zurückkommen, dass die Mathematik der Vater der Wissenschaften ist und dass sie die Vater-Metapher,

---

[22] Hofstadter, D., Die Analogie, Klett-Cotta (2014)

das paternale Prinzip stützt, das – wenn ich es einmal so ganz spekulativ und überwältigend sagen darf – dann eher $\sqrt{1}$ ist, nämlich Eins.

Lacan bietet diesbezüglich in seinem neunzehnten Seminar eine Lösung an, die er aus der Henologie, der Wissenschaft von der Eins bzw. vom EIN herauszieht: „Es gibt kein EIN (keine Existenz) außer vor dem Hintergrund des nicht EIN (der Nicht-Existenz) und umgekehrt".[23] Man könnte diese Lösung als die mathematisierte Vater-Metapher bezeichnen, die in der Religion einfach den Buchstaben G, o und doppelt t zugeschoben wird. Es ist jedoch ein EIN, das jeder selbst in sich finden kann und muss, denn man bekommt es nicht geschenkt. Dazu benutze ich die wissenschaftlich begründete Methode der *Analytischen Psychokatharsis*. Sie reißt sich das EIN nicht schon vorher unten den Nagel, wie es die Theologen und viele Philosophen tun (selbst Platon im Parmenides). Die Schul-Mathematiker haben das Problem einfach offen gelassen: für sie ist EIN einfach die Ziffer 1, indem sie sie in eine Zahl umwandeln. Aber EIN kann nur in jedem EIN-zelnen Wirklichkeit werden. Es verhält sich wie mit Lumis Monster, letztlich muss sie da selber durch, auch wenn ihre Mutter ihr wie eine Psychotherapeutin hilft. Ich werde im vorletzten Kapitel noch eine Lösung für sie vorschlagen.

---

[23] Lacan, J., Seminaire XIX, SEUIL (2011) S. 134

3. Adonis und das Präödipale

Lange bevor Sophokles sein Ödipus Drama samt der schaurigen Sphinx Geschichte niederschrieb, existierten schon die Mythen von den weiblich-mütterlichen Göttinnen und ihren jungen, königlichen Geliebten. In Byblos, das schon im fünften Jahrtausend v. Chr. das Hauptzentrum des Adonis-Kultes war, wurden solch matrilineare Spiele aufgeführt. Die Mythen um Adonis, den man bei uns seit jeher als jugendlichen Schönling kennt, handeln von unerfüllter Liebe, Tod und Auferstehung und enthalten wohl Züge des Glaubens an eine lebenspendende, übermächtige Muttergöttin. Adonis sei der Sohn der Myrrha (Smyrna) und ihres Vaters, König Kinyras von Assyrien, heißt es. „Weil Myrrha Aphrodite nicht gebührend huldigte, wurde sie von der Liebesgöttin in blinde Liebe zu ihrem Vater versetzt. Mit der Hilfe ihrer Amme gelang es Myrrha, sich ins Schlafgemach ihres Vaters zu schleichen, ohne dass dieser sie erkannte. Als die Wahrheit ans Licht kam und sich der Vater des begangenen Inzests bewusst wurde, wollte er seine Tochter töten. Diese wurde jedoch von den Göttern in einen Myrrhenbaum verwandelt. Der Baum sprang nach zehn Monaten auf und brachte Adonis hervor, der von Nymphen aufgezogen wurde".24

Adonis soll der Sage nach an einer Quelle einige Kilometer südlich von Byblos ums Leben gekommen sein. In Byblos trauerte man jedes Jahr 8 Tage lang um seinen

---

24 Wikipedia: Adonis

Tod und feierte andererseits auch seine Wiederauferste-
hung. „Auch in der griechischen Mythologie ist Adonis
das Sinnbild oder der Gott der Schönheit und der Vegeta-
tion und einer der Geliebten der Aphrodite. . . Ihre Liebe
musste Aphrodite allerdings mit Persephone (der Göttin
der Unterwelt) teilen. Zeus verfügte, dass Adonis jeweils
den dritten Teil seiner Zeit bei Aphrodite oder Persephone leben sollte. Über das restliche Drittel konnte er frei
verfügen. Aphrodite habe der Sage nach sein auf den
Boden fallendes Blut in ein Adonisröschen verwandelt,
als ihn der eifersüchtige Ares (Kriegsgott), der sich in
einen wütenden Eber verwandelt hatte, tötete. Es gibt
viele verschiedene Fassungen dieses Mythos, bei denen
Adonis stirbt, ohne sich mit Aphrodite je zu vereinigt zu
haben."

In dieser Geschichte ist alles vorhanden, was auch in
einer Psychoanalyse eine Rolle spielt: Eigenliebe und
Mord, Inzest und Geschlechtswandel, bezüglich dessen
auch heute noch viel von Androgynie gesprochen wird,
ein Phantasiebegriff für ein männlich-weibliches Wesen.
Nun hat gerade die Figur in der Abbildung nebenan ein
derartiges Aussehen. Das Bild zeigt eine Bronzestatuette
vom Nationalmuseum in Beirut aus der Zeit um 1500 v.
Chr., die diesen ‚vergöttlichten Herrscher' namens Reshek aus Byblos darstellt. Einerseits zeigt es einen Adonis,
schlank und rank und doch auch sportlich. Auch wenn
dieser Figur keine Brüste gewachsen sind, und sie männliche Geschlechtsteile zeigt, fällt doch die überschlanke,
feminine Gestalt auf, die auch an die jünglingshaften
Könige erinnert, die als Geliebter und Sohn-Gemahl den

matrilinearen Mutter-Göttinnen dienten.[25] Andererseits war Reshek solch ein König, der Herrscherfunktionen ausübte. Ein ‚g'standner' Mann, wie man in Bayern sagt.

Aber er war kein Vater, überhaupt scheint diese Figur im frühzeitlichen Orient zu fehlen, und es ist auch fraglich, ob das matrilineare Konstrukt so friedlich und vegetationsverliebt abgelaufen ist, wie meist erzählt wird. In vielen Berichten heißt es, dass der Adonis gleiche Sohn-Gemahl der Muttergöttin nach einem Jahr oder in gut gewählten Abständen geopfert werden musste und durch einen neuen königlichen Geliebten ersetzt wurde. Das Überwältigende wurde also extrem ritualisiert und martialisch gestaltet. Es ist bekannt, dass in diesen frühen, steinzeitlichen Kulturen (wenn man überhaupt von Kulturen sprechen will) die Kreation von Nachwuchs und dessen Aufzucht nicht so im Vordergrund stand. Das alltägliche Überleben war wichtiger, an das Wirken einer Vatermetapher, eines Vaternamens als Richtgeber war nicht zu denken. Es gab Baum- und Flussgeister, die eine Schwangerschaft verursachten und jungfräuliche Nymphen zogen den Adonis auf. Leben und Tod der Natur waren Vorbild und darin war das Opfer des Sohn-Gemahls mit eingeschlossen.

Es verhält sich wohl so, dass man dieser matriarchalen Geschichte später die von der aufstrebenden Intellektualität der Griechen gezeichnete Ödipus Saga entgegensetzte. In dieser Saga wird aus der Muttergöttin die männerfres-

---

[25] Göttner-Abendroth, H., Das Matriarchat, Bd. I, Kohlhammer (1988)

sende Sphinx, der der griechische Königssohn Ödipus nunmehr Paroli bieten kann. Der Sohn-Gemahl schien abgeschafft, als Ödipus die Sphinx zu Fall brachte. Üblicherweise wird das Rätsel der Sphinx von den Wesen, das zwei, vier bzw. drei Glieder (Beine) hat, so gedeutet, dass man im dritten Glied bzw. Bein, den Stock des alten Mannes sehen soll. Doch – ehrlich gesagt – ist das nicht die Version, die man kleinen Kindern erzählt?

So eine gewaltige, animalisch-weibliche Figur gibt einem doch nicht ein derart flaches Spießbürgerrätsel auf, da ist schon mehr dahinter, nämlich der privilegierte Signifikant der Psychoanalyse, der – wie der französische Psychoanalytiker J. Lacan sagt – ‚phallus symbolique‘, das Phallussymbol. Doch damit scheitert Ödipus dann bei der scheinbar universalen Frau, die schön, reich, königlich und göttlich zugleich ist, bei der Überfrau also, die, weil sie zudem auch noch seine Mutter ist, wieder zum Matriarchat zurückführte. Die matrilineare Naturerotik war immer noch stärker als der männlich-väterliche Kulturmensch. Daran haben sogenannte Patriarchate, die eigentlich immer Andriarchate, Männerherrschaften, waren, nichts geändert.

Die Muttergöttin-Ödipus-Saga dominiert also auch die Psychoanalyse, von der in diesem Buch einiges gesagt wird. Doch der von Freud aus dem Mythos extrahierte Ödipuskomplex greift nicht weit genug, um alle Neurosen und Persönlichkeitsstörungen genügend behandeln zu können. Ich habe deswegen die frühen mythischen Wurzeln (auch mit Blick auf den Adonis Kult) wieder einbezogen und die Psychoanalyse mit einem wissenschaftlich begründeten, meditativen Verfahren verbunden, das ich *Analytische Psychokatharsis* getauft habe. Darin wird endgültig die Muttergöttin wie auch die Vaterfigur, die Vatermetapher, das Symbol, der Name des Vaters kritisch gesehen und Lacans Vorschlag aus seinem XIX. Seminar folgend, vor der ‚logischen Selbststruktur‘ gesprochen, die die zentrale Vermittlerposition innehat und die jeder in sich selbst finden und nutzen kann.[26]

Auch Lacan hatte lange – Freud brav gehorchend – diesem aus der Frühzeit und sodann aus der Bibel kommenden Vaterbegriff gehuldigt, denn schließlich brauchte man etwas, das der mächtigen, faszinierenden weiblich-mütterlichen Zentralfigur, die im Unbewussten auch modernen Menschen immer noch herrschte, gegenüber gestellt werden konnte. Freud postierte den Urvater Moses an diesen Platz, bei Lacan schimmert manchmal der Christusbegriff hindurch, so wie er von Michelangelo in der Sixtinischen Kapelle gemalt worden war. Erst spät hat er sich – wie gesagt – der ‚logischen Struktur‘ als dem Eckpfeiler der Theorie zugewandt, den ich nun noch tiefer ins eigene Unbewusste greifend ‚logische Selbst-Struktur‘ nenne. Die benötigt man nämlich, will man – im vollen übertragenen Sinn – Strukturgeber, Bestimmer, Vater seiner selbst sein.

---

[26] Lacan selbst hatte nur von der ‚logischen Struktur‘ gesprochen, die Psychoanalyse bezeichnete er auch oft als ‚logische Praxis‘ im Unterschied zu geisteswissenschaftlichen Theorien.

Was die symbolisch-reale Vaterfrage angeht schrieb die Journalistin J. Schaaf in der FAS vom 12. 7. 2020 über die Problematik lesbischer Paare und ihrem Kinderwunsch mit Hilfe schwuler Samenspender.[27] Die Frauen sind meist verheiratet und damit offiziell auch die Eltern des Kindes; in einen der geschilderten Fälle eines Jungen. Kurz nach der Geburt hatte der leibliche Vater zugestimmt, dass die Ko-Mutter den Jungen adoptiert. Damit hatte dieser jedoch auch seine Rechte am Kind verloren, was er anfänglich nicht befürchtete, da die Frauen ihm zugesichert hatten, sie wollen nicht nur einen Samenspender, sondern auch einen Papa für das Kind. Diese Konstellation lief jedoch schon bald nicht mehr so gut wie angekündigt. „Der Kontakt zwischen Vater und Sohn wurden von den beiden Müttern streng überwacht und reglementiert", schreibt Schaaf. Immer mehr verweigerten die Frauen dem leiblichen Vater seine Papa Rolle, so dass dieser das Familiengericht einschalten musste: ohne Erfolg. Sein Kind hat er nicht mehr gesehen.

Da diese Thematik wohl inzwischen sehr häufig zum Problem geworden ist, schrieben vier solcher Schwulen-Papas ein Ratgeberbuch.[28] In der Verlagsbeschreibung steht: „Die Texte erzählen von allen Aspekten von Vaterschaft, den Planungen, der Zeugung, der Schwangerschaft, Geburt, vom Umgang mit eigenen Kindern, dem Umgang mit den Müttern, was alles für die Partnerschaft oder das Singleda-

---

[27] Schaaf, J., Semmling darf nicht Papa sein, FAS 12. 7. 2020

[28] Schug, A., et al. Das Regenbogenväterbuch, Ratgeber für schwule Papas, Omnino-Verlag (2020)

sein bedeutet, und welche rechtlichen Aspekte eine Regenbogenfamilie bestimmen. Das Konzept der Regenbogenfamilie ist vielfältig: Es gibt nicht die eine Regenbogenfamilie. Egal, welche Vaterrolle man schließlich für sich definiert: Eine Familie zu gründen bedeutet Verantwortung zu übernehmen. Die Kapitel des Buches bilden alle wichtigen Phasen von Vaterschaft von der Planung bis zu rechtlichen Aspekten ab. Die Kapitel bieten Erfahrungsberichte schwuler Väter, Interviews, Checklisten. Auch Mütter kommen zu Wort: Es ist wichtig zu sehen, dass es immer mehrere Perspektiven gibt". Die ,diverse Familie' wie sie auch heißt, hat nicht wenige Probleme.

Trotzdem, ein schwules oder lesbisches Paar, das verantwortungsbewusst, engagiert, privat, sozial und beruflich gut aufgestellt ist, wird auf jeden Fall die besseren Eltern stellen, als eine alkoholsüchtige Mutter, ein arbeitsloser Faulpelz als Vater und ein heruntergekommenes Zuhause des heterosexuellen Paares. Der Vaterbegriff angefangen von der Leiblichkeit einiger Spermatozoen über den Mythos eines göttlichen Urvaters bis zu all den familiären, sozialen, psychologischen, politischen, wissenschaftlichen und weiß Gott was sonst noch für Väter weit gespannt ist, hatte Lacan wie angedeutet lange Jahre an die Stelle seiner vor allem im Unbewussten wirkenden Instanz den ,Namen des Vaters', den Eigennamen, das vaterbezogen Namentliche als solches ins Zentrum aller Zuschreibungen gesetzt. Denn das Unbewusste sei aufgebaut w i e eine Sprache, konstatierte er, und von daher lag es nahe der im bewussten Leben so wichtigen Muttersprache die eines im Unbewussten wirkenden ,Vatersymbols' zur Seite zu stellen.

Der Unterschied zwischen diesen beiden Größen ließ sich psychoanalytisch schon seit Freud im Wesen des sogenannten Überichs zeigen.

So gilt das weiblich-mütterliche Überich eher als breit, vielschichtig angelegt und nicht so kontrolliert und bestimmend wie das männlich-väterliche. Man hat dies auch auf die gerade beschriebenen Frühphasen der matrilinearen Menschheitsentwicklung zurückgeführt, die in der Psychoanalyse für die Beschreibung des ‚Präödipalen‘, also der seelischen Struktur vor der Struktur des Ödipuskomplexes, herhalten müssen. Dort (und auch oft heute noch) mussten sich die Männer/Väter gegenüber der weiblich-mütterlichen, Dominanz behaupten, was sie – wollten sie sich, abgesehen von der matristischen Liebhabergeschichte bei Adonis, nicht nur mit brutaler körperlicher Stärke durchsetzen – mit entsprechender Stimmbezogenheit tun mussten. So waren die ersten Worte Befehls- und Losungsworte. Der Vormensch kannte wie die Tiere nur eine Signal- und keine Symbolsprache. Wie im Vogelgezwitscher konnte er Lautsignale geben, doch außer dem Trillern von Liebesbegehren und Revieransprüchen war ihm keine Aussage möglich. Erst als er eine Lautfolge betont und bewusst wiederholen konnte, als er eine Regung, ein Erstaunen, einen Affekt mit der gleichen Lautsequenz noch einmal und dann wieder und wieder mit Betonung von sich geben konnte, war das Symbol, das erste Wort geboren.[29]

---

[29] Auch dies argumentiert Lacan schlüssig und setzt sich damit von allen anderen Versuchen über gestisches Sprechen, über

Die Lautfolgen im Vogelgezwitscher sind zwar nicht immer konsequent die gleichen, und selbst wenn sie dies sind, so werden sie nicht mit einer Art von Bedeutsamkeit, zunehmend ernsthafter Betonung und Bewusstheit vorgetragen. Aus der reinen Lautbildlichkeit ist beim Menschen eine Worthaftigkeit und Signifikanz geworden, die mit zunehmendem Verständnis perpetuiert werden konnte. Die erste Diskursform war somit eine Art der ,Ein-Wort-Sprache', das Losungswort des ,Herrensignifikanten' wie Lacan es dem Philosophen G. F. Hegel folgend bezeichnete. ,Ich Herr, du Freitag' sagte Robinson zu dem Indianer, den er schließlich auf seiner einsamen Insel traf und demgegenüber er gleich die Verhältnisse durch eine derartige Setzung zu bestimmen versuchte. „Ich bin der Bestimmer" (soll heißen der Vater) sagen die Kinder auch heute noch im Spiel, um die Regeln zu vereinfachen.

Diesen Beginn des Vater-Namens, -Symbols, der Vater-Metapher, die Lacan wie gesagt durch die ,logische Selbststruktur' ersetzte, hat der Anthropologe C. Levy-Strauss in seinem Buch über die ,elementaren Strukturen der Verwandtschaft' mit der Differenz von Natur und Kultur ins Spiel gebracht. Claude Levi-Strauss war der Ansicht, dass der Eigenname etwas ist, was ursprünglich vom Paten seinem Patenkind gegeben wurde und bei entsprechend engen und bestimmenden Verwandtschaftsverhältnissen identitätsstiftende Bedeutung hatte. Aber diese Bedeutung greift trotz aller Berechtigung zu kurz. Sie bezieht sich nur auf

---

erste Bezeichnungen für Dinge etc. als Ursprung der Symbolsprache hinweg.

soziale Bande, auf eine schon durch wieder andere Namen (von denen auch einige Eigennamen sein könnten) bezeichnete Handlung. Lacan hat daher zu Recht gesagt, dass der Eigenname eine frei schwebende Funktion hat.[30] Er ist eben durch viele in ihm verwobene Bedeutungen gekennzeichnet, aber auch nur dann, wenn diese Bedeutungen nicht gleich einen zu definitiven Sinn ergeben. Der Eigenname steht der Logik des ‚Namen-des-Vaters' nahe.

Levi-Strauss schildert diesen Zusammenhang auch anhand der Beziehungen der Lebenden zu den Toten. Die von ihm auf fast allen Kontinenten untersuchten Primärvölker praktizierten nämlich ein farbiges, reichhaltiges und langwieriges Brauchtum, zahlreiche Zeremonien und Begräbnisriten, bei denen die Toten zu Wort kamen und von bestimmten Gruppen von Männern oder Frauen auch direkt gespielt werden mussten. Doch – so der Autor – nur weil die lebenden Stammesmitglieder ihre Probleme untereinander nicht besser lösen können, weil sie nicht offen und tief miteinander reden, so dass sie sich selber Gegenparts sind, mussten die Toten den Lebenden helfen, musste ein ständiger komplexer Austausch der Lebenden mit den Toten stattfinden. Dazu mussten die Toten in tagelangen Riten und Festveranstaltungen massiv ‚wiederbelebt' werden, ein Umstand, den man also doch geschickter mit vertieften und therapeutischen Gesprächen der Lebenden untereinander hätte vermeiden können. Aber ist es nicht heute in den hochzivilisierten Ländern genauso?

---

[30] Lacan, J., Seminaire XII, Vortrag vom 6. 1. 65

Man muss im Namen des Vaters, des Vater-Prinzips reden, das nicht nur Wort des Vaters, sondern auch Vater des Wortes ist, denn sonst – so sagen die Psychoanalytiker – kommt gar keine richtige Sprache zustande. Wenn der Junge Nahrung, Pflege und auch noch Sex mit der Mutter haben kann, braucht er ja nichts mehr zu sagen, er bedient sich einfach. Er wird Vater ohne es zu wissen, er wird ein Adonis bleiben, der mit der Mutter-Gemahlin verschmolzen ist. Er wird im Namen des Mannes reden, im Namen des ‚phallus symbolique', wo reden nur in ein paar kräftig vorgetragenen Lauten besteht, aber nicht in einer ausgereiften Sprache. Und selbst wenn er sich vom Adonis zum Ödipus entwickelt hat, wird noch zu viel Mann in ihm sein, um die Vatermetapher in ihrer Gänze zu verstehen.

Wegen all dieser Schwierigkeiten sagte Lacan gegen Ende seiner Lehrtätigkeit, wie er früher „in verschiedenen Registern vor allem die Vatermetapher erkundet habe, den Eigennamen. Es gab alles, was es brauchte, um diesem mythischen Elaborat meines Sagens mit der Bibel einen Sinn zu geben. Ich werde das jedoch nie wieder machen, Ich werde das nie wieder machen, denn schließlich kann ich mich damit begnügen, die Dinge auf der Ebene der logischen Struktur zu formulieren, die ja ihre Rechte hat. Voilà!"[31] Die Struktur der Logik, das klingt freilich anspruchsvoller und wissenschaftlicher als der Vater-Name. Ich will darauf zurückkommen, für den Anfang ist der Vater-Begriff jedoch verständlicher.

---

[31] Lacan, J., Seminaiere Nr. XIX, Ed. Seuil (2011) S. 104

In dem Theaterstück ‚Die Netzwelt' der amerikanischen Dramaturgin Jennifer Haleys geht es um diese teuflischen Kräfte, und weil es Netz-Kräfte sind, passen sie hierher. Das Stück handelt von einem Pädophilen namens Sims, der sich eine Virtual-Reality-Netzwelt – genannt ‚Refugium' – erschaffen hat, in der man allen erdenklichen päderastischen Neigungen nachgehen kann. Die dort missbrauchten Mädchen sind also perfekte Computeremulationen, und eine juristische Ermittlerin (Frau Morris) soll nun Sims verhören und feststellen, ob dies so legal ist oder besser verboten gehört.

Sims verteidigt sich damit, dass der Zugang zu dieser Netzwelt streng geregelt ist und auf Freiwilligkeit – und, so könnte man noch ergänzen – auf künstlicher und nicht realer Herstellung beruht, doch die im Theater zwischen Verhörsraum und Missbrauchsraum wechselnde Bühne zeigt die enge Verwobenheit der beiden Netze, des normo-realen und des phantasmatisch-realen. Morris lässt sich durch einen Mann vertreten, der sich in die pädophile Netzwelt aufnehmen lässt, um herauszufinden, was pervers und verboten ist und was nicht.

Doch dieser Mann macht ihr gegenüber wiederum selbst erotische Avancen, so dass sie sich in ihn verliebt und dadurch alles ein bisschen durcheinandergebracht wird. Eine juristische Aufarbeitung erscheint nun nicht mehr ganz relevant, weil sich die Ermittlerin ja nun selbst nicht mehr neutral verhalten kann und von ihrem neuen Lover abhängig ist. Doch die gezeigten Lustmord- und Missbrauchsszenarien tun das ihre. Ist zu viel Pornokonsum nicht vielleicht doch schädlich? Schwelgen nicht Anti-Kriegsfilme immer auch in dramatischen Kriegsszenarien und bewirken so das Gegenteil? Was macht man mit den realen Pädophilen, von denen es offensichtlich mehr gibt, als bekannt ist?

Mit Sicherheit wird es bald derartige Netzwelten geben, perfekte ‚Aktiv-Refugien', für die nicht einmal mehr Bilder realer Personen verwendet werden müssen, denn alles ist KI-erzeugt. Doch das Problem ist dann nicht mehr nur das von Herrn Sims, der viele Stunden täglich in seinem ‚Refugium' verbringt, aber einem juristischen Verhör noch folgen kann, sondern das, dass jeder Einzelne seine eigenen uferlosen Phantasien virtuell-real umsetzen will und sie alle in der normalen Realwelt nicht mehr zusammenwirken und folgen können. Vielleicht Verändern ein paar Pornofilme nicht den Charakter des Einzelnen, wohl aber eine tägliche Sucht solche Filme zu lange Zeit zu konsumieren.

Der Plot wird jedoch bei der Virtual-Reality-Netzwelt noch weit krasser ausfallen. Möglicherweise hilft den Nutzern (als einer der angekündigten Sonderfälle) dann doch die Psychoanalyse Le Soldats, die wohl noch gerade wissenschaftlich genug ist, um die sexistischen und aggressiven Geister, die in der Therapie wie bei Goethes Zauberlehrling ständig aufgerufen werden, wieder loswerden zu können. Denn ohne eine Schnittstellen-Übertragung in die Welt der kombinierten Wort-Bild-Kommunikation wird man in der Virtual-Reality-Welt vom imaginären Teil der Netzwelt überrollt und verstrickt verloren gehen, egal, ob diese nun pervers oder psychotisch ist, um wieder einmal ein paar Vater-Wörter zu gebrauchen. Ja, vielleicht muss man sogar Vater seiner Selbst werden, also das Vater-Prinzip in sich verwirklichen. Es ist aber sicher sinnvoll, sich vorher die Frage zu stellen, wie sieht es mit den Mutter-Wörtern aus?

4. Es Fühlt, eine antizipierte Gewissheit

Zur Mutter seiner selbst kann man jedenfalls nicht werden. Das scheitert an der diesbezüglichen Geburts-Praxis, aber auch am Irrtum des Adonis, durch Verschmelzung mit der Muttergöttin stets aus ihr neu geboren zu werden. Und selbst wenn man sich vom Bemuttern losreißen kann, heißt dies ja nicht, dass es entscheidend zum selbstständig, kritisch und vernünftig werden führt. Auch Vater seiner Selbst zu werden ist nicht einfach, eben weil die Vatermetapher, das Vater-Prinzip, zu komplex, zu ‚überdeterminiert' und mit sehr großer Spannweite strukturiert ist. Zwar besteht immer eine eigene Möglichkeit dazu, aber diese muss ja trotzdem noch abgeglichen werden mit dem zentralen Kern des Unbewussten, hinsichtlich der ich vorläufig noch bei eben dieser Vatermetapher bleibe. Daher ist es vorerst vielleicht auch noch gut, dieses Symbol, diese Paternität in sich anzurufen, wenn es um die Transgenderproblematik geht, die die Geschlechterspannung innerhalb der erwähnten Buchstaben (LGBTIQ) am weitesten bzw. komplexesten treibt.

Denn hier geht es um eine „Umwertung aller Werte" wie Nietzsche es beschrieb, nämlich als Mann eine Frau oder umgekehrt zu sein. Die Mann/ Frau-, die Transgender-Thematik, gab es schon immer. Nicht nur bei der queeren Figur des Adonis spielte sie eine Rolle. Doch um in dieser Problematik, vor allem in der Behandlung und Beurteilung des sogenannten ‚Präödipalen' voran zu kommen, richte ich mich vorerst weiter nach den von Freud und

Lacan erarbeiteten wissenschaftlichen Erkenntnissen, nämlich den nachweisbaren primären Triebkräften. Freuds Grundkräfte, der Eros-Lebens- und Todestrieb wurde von Lacan durch den Wahrnehmungs- (Schau-) Trieb und dem Entäußerungs- (Sprech-) Trieb zwar nicht ersetzt, aber doch als die plausibleren und praxisnäheren Kräfte vorrangig herausgestellt. Diese zwei im psychisch Unbewussten in ihrer Primärform als Blick-*Bild-Wirkendes* und als *Wort-Laut-Wirkendes* können auch in der Meditation in unterschiedlichen Kombinationen erfahren werden. Ich habe diesbezüglich in einer Broschüre dargestellt, dass Psychoanalyse und Meditation kein Widerspruch sind und voneinander profitieren können.[32]

Bei Freud gingen diese beiden Triebkräfte im basal-primitivsten Sinne eine Lust-Aggressions-Kombination ein, die durch das Ich, Idealbildungen des Ichs, das Über-ich und Sublimierungen (Verfeinerungen, Vergeistigungen) in verbindlichere Formen gebracht werden konnten. In der Meditation treten sie nunmehr gleich direkt in Erscheinung und bewirken die Überwältigung in verschiedenerlei Arten. Denn es muss schon sehr schieflaufen, wenn man beim Meditieren gleich vom Dunkel und der Leere vor einem vollends, also negativ überwältigt wird. In dem von mir entwickelten Verfahren der *Analytischen Psychokatharsis* taucht man in der ersten von zwei Übungen zwar in dieses Nichts vor einem ein, wird aber von wissenschaftlich begründeten, dem Mathematischen

---

[32] Psychoanalyse / Meditation, BoD (2020)

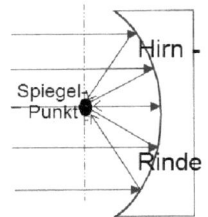

verbundenen Wortformeln (den besagten *Formel-Worten*) gehalten, wie ich noch genauer beschreiben will.

Dadurch wird man nicht gleich von Bildern, Erinnerungen oder schon vorprogrammierten Erscheinungen (z. B. religiöser, esoterischer, suggestiver oder halluzinativer Art) überwältigt. Im Sinne des Wahrnehmungs-Schau-Triebs wir man lediglich von einer primären Spiegelungs-erfahrung im sogenannten *Strahlt-* oder Spiegelpunkt erfasst (siehe Abbildung oben) was sich in einer Katharsis auswirkt. Bekanntlich hatte Freud bereits in seinen Hypnosen eine derartige befreiende, beseligende Erfahrung bei seinen Patienten ausgelöst. Die hypnotische Überwältigung ist aber mit einer entsprechenden Abhängigkeit vom Therapeuten verbunden, was also eher negativ zu bewerten ist. Es kommt zwar zur Katharsis, diese hat jedoch keine positiven Konsequenzen. Die obige Abbildung zeigt die aus dem Inneren kommenden und vom Konkavspiegel des Gehirns zum Spiegel- bzw. *Strahlt*-Punkt hin reflektierten optischen Phänomene, die sich als Helligkeitserscheinung, endogenes Bildmuster oder als ein ‚Durchrieseln' des Körperbildes darstellen.[33]

Das sind Erfahrungen, die wie transzendent wirken, aber durch die *Formel-Worte* in der ganz engen Spur des

---

[33] Eichmeier, J., Höfer, O., Endogene Bildmuster, U&S-Verlag (1974), wo solche Punkte, Kreise und Knoten gezeigt werden.

Wort-Laut-Wirkenden, des Primärprozesshaften des Sprechtriebs und des *Bild-Wirkenden* des Schautriebs gehalten werden und nicht durch irgendwelche erfundenen oder durch Bekenntnishaftes erzwungene Steuerungen erreicht werden. Trotzdem verschafft dieses raumartig sich Weitende und beglückend Kathartische einen Zustand der Selbstsublimation, der in der herkömmlichen Psychoanalyse nie erreicht werden kann. Sie kommt den erwähnten beiden Grundkräften nicht nahe genug. Der psychische Trieb braucht ein ‚Objekt' um ins Ziel zu gelangen, aber Blick (für das *Bild-Wirkende*) und Stimme (für das *Wort-Wirkende*) sind mit der Triebkraft selbst zu eng verbunden und können so in ihren Bedeutungen nicht isoliert genug erfasst und gedeutet werden. So erzeugen sie eine vorausgreifende, antizipierte Gewissheit.

Mit dem Aufgeben der Hypnose konnte Freud seine Patienten zwar mündiger, alerter, konzentrierter bei der Sache halten, verlor aber den kathartischen Affekt. Er musste immer wieder nüchtern und fast steril bei den sogenannten ‚freien Assoziationen' seiner Patienten verbleiben und sie im Sinne seiner Theorie des infantil Sexuellen deuten. Der Freud-Schüler S. Ferenczi, von dessen ‚mutueller Analyse' ich schon gesprochen habe, wollte dies dadurch ausgleichen, dass er seinen Patienten manchmal etwas vorschwärmte, sie umarmte und von der gemeinsamen ‚Endverzückung' sprach, die der Therapeut mit seinem Patienten teilte. Das war schon damals überzogen und keine gute Idee. Um die gleiche Thematik ging es auch bei Freuds Beziehungen zu dem Schriftsteller Romain Rolland. Auch hier handelte es sich um eine antizipierte Gewissheit.

Rolland hatte anlässlich eines Besuches bei S. Freud von religiösen Gefühlen, ja vom „ozeanischen Gefühl" gesprochen, das er bei meditativen Erfahrungen in Indien erlebt hatte.[34] Er wollte Freud überzeugen, dass dieses „ozeanische Gefühl" der wesentlichste Zugang zum Seelenleben des Menschen sei, wogegen Freud weiter seine Ansicht verteidigte, die menschliche Seele müsse wissenschaftlich und mit nüchterner Skepsis erforscht werden. Unter dem „ozeanischen Gefühl" verstand Rolland eine alles durchdringende Gewissheit gefühlsmäßiger, spiritueller Art. Er hatte diese Erfahrung affektiv ekstatischer und mystischer Einheit bei den indischen Heiligen Ramakrishna und Vivekananda gemacht, und immerhin war Freud doch davon so beeindruckt, dass er mehrmals in seinen Schriften auf diese Erfahrung einging.

Ganz lösen konnte er das Problem nicht, dass es doch gerade auch bei seinen Forschungen um die großen, wichtigen Gefühle der frühesten Kindheit ging (also um die Lebensphase, auf die Freud das Hauptaugenmerk seiner Untersuchungen richtete), und die noch zersplittert, noch so diffus sind, dass sie nicht in einer persönlichen Individualität und subjektbezogener Ganzheit erfahren werden können. Ganz früh ist der Mensch seelisch noch wie gespalten und lernt erst mühsam sein Ich aufzubauen und seine Strebungen und Gefühle so halbwegs

---

[34] Freud, S., Das Unbehagen in der Kultur, Studienausgabe Fischer Bd. VII, (1994)

zu einer Persönlichkeit zusammenzuhalten. Aber solange Gewissheiten eine Rolle spielen, die noch nicht wissenschaftliches, gesichertes Wissen zur Verfügung haben, bleibt etwas offen.

Beim Tier korrelieren nämlich durch seine Instinkte Innen- und Außenwelt viel stärker, während das Kleinkind zappelt, etwas fühlt, wieder hampelt und wieder etwas anderes fühlt, etc., und so erst lange braucht, um wenigstens halbwegs eine innere Konstanz herzustellen, also ein erstes Ich. Lacan sprach diesbezüglich von der Erfahrung des „zerstückelten Körpers" im Kleinkindesalter. Auch wenn die Mutter dahinschmilzt, weil das Kind sie anstrahlt, muss man daran denken, dass es auch einen Karton gleichermaßen anlächelt, auf dem nur zwei augengleiche Punkte aufgemalt sind,. Derartige reale Illusionen zeigen eben an, dass das Kind noch lange kein konstantes, gefestigtes Ich besitzt. Und selbst wenn man ein konstantes und gefestigtes Ich hat, kann man sich in seinen Gefühlen irren, auch wenn einige moderne Autoren eine ganzheitlich erfahrbare „Gefühlsintelligenz" (emotionale Intelligenz) behaupten.[35, 36]

Natürlich ging Freud nicht fehl, schon aus dem Sprachgebrauch des Wortes „ozeanisch" eine starke Komponente der Übertreibung, der Eigenliebe, des — wie er es nannte — Narzissmus heraus zu hören. Die übergroßen, allzu starken Gefühle blieben ihm verdächtig, dass sich

[35] Goleman, D., EQ, Emotionale Intelligenz, dtv (1997)
[36] Bradberry, T., Greaves, J., Emotionale Intelligenz 2.0, mvg-verlag (2016)

dahinter infantile Wünsche verbergen könnten, und dass die Grandiosität dieser Gefühle also nicht haltbar ist. Dennoch muss man die Ebene großer und wichtiger Gefühle nicht verlassen, wenn man der Freud'schen Wissenschaft weiter folgen will. Denn es gibt ja auch Gefühle, die groß mehr in ihrer Bedeutung als in ihrer Intensität sind, wo es also mehr um ein wichtiges Gefühl geht, als um ein starkes, ekstatisches oder gar „ozeanisches" Gefühl.

Es ist also klar, das überwältigende Element in der therapeutischen Katharsis muss durch ein zweites in Form, in Schwebe, in psychodynamischer Ordnung gehalten werden, sonst würde die kathartische Befreiung überhand nehmen und man ins Psychotische oder die antizipierte Wahngewissheit abrutschen können. Es ist immer beeindruck-end und frappant, wenn ein Wahnkranker behauptet, die Nummer eines Autos vor seinem Haus zeige sein Sterbedatum an oder in seinem Bein sei ein Sender eingebaut. Röntgenuntersuchung oder eine Operation würde den Sender entlarven gehen fehl, denn zu allerletzt ist es immer der FBI, der dahintersteckt und der alles Trickreiche veranlassen kann, weil er mit den Operateuren unter einer Decke steckt. Und so hat auch die überwältigende Gewissheit Rollands ihren Preis.

Es muss also um ein geleitetes, konstruktives und gelenktes Überwältigt Sein gehen, will man nicht irren. Dieses Zweite, die Halt und Ordnung gebende formelartige Verbalisierung, von mir also verkürzt *Formel-Worte* genannt, habe ich eingangs schon erwähnt und auch in zahlreichen

Büchern veröffentlicht, so dass ich hier auf den Anhang verweise, in dem die Methode der *Analytischen Psychokatharsis* detailliert geschildert ist. Durch die Wirkung der *Formel-Worte*, die damit im Unbewussten erzielt wird, kommt das Bild- und *Wort-Wirkende* gleichermaßen zum Zug, also ohne die in der Psychoanalyse vorherrschende Bevorzugung des Symbolisch-Sprachlichen. Vielmehr liegt nun die Auffassung der rein f o r m a l e n Kombination der beiden Triebkräfte (Schau- und Sprechtrieb) vor. Dies fördert beim Üben – also dem gedanklichen Reverberieren der *Formel-Worte*, das Auftreten der Katharsis. Diese tritt ja schon allein im meditativen Vorgang auf und ist nicht nur eine psychische Befreiung sondern auch eine ‚vegetative Umschaltung'.[37] Zu dieser Art des körpernahen ‚overwhelmings' gesellt

sich ein weiteres durch die Veränderung des Bewussten und Unbewussten, wenn es zu der angekündigten Herausgabe seiner Inhalte gezwungen ist, was in einer zweiten – noch zu beschreibenden Übung – gelingt. Darin zeigt das F o r m a l e seine wissenschaftliche und nicht vorausgreifende Gewissheit.

Ich zeige hier nochmals das schon auf den ersten Seiten vorgestellte Formel-Wort E N S C I S N O M oder C I S N O M E N, denn es ist egal, mit welchem Buchstaben man anfängt, wenn man diese der lateinischen Sprache

---

[37] I. H. Schulz, der Begründer des autogenen Trainings, prägte diesen Ausdruck für den totalen Entspannungszustand.

entnommene Formulierung liest, bzw. in der ersten
Übung der *Analytischen Psychokatharsis* rein gedanklich
meditiert. Eigentlich würde für die Wirkung der *Formel-
Worte* drei oder vier Bedeutungen genügen. Hier sind es
mehrere, von denen viele unsinnig wirken, doch dies ist
ja kein Problem. So kann man – im Uhrzeigersinn gelesen – zum Beispiel ENS, das Sein, CIS, diesseits, NOM,
(Abkürzung für) Name, lesen, also ‚das Sein diesseits des
Namens'. Man kann aber auch beim S beginnen und
SCIS NOMEN lesen: du weißt den Namen. Geht man
einmal vom C aus, liest man CIS NO, MENS, diesseits
schwimme ich, oh Geist. Vom M oben links ausgehend
heißt es MENS CIS NO, der Gedanke diesseits, innerhalb
von No (vom Nein), vom O ausgehend OMEN SCIS N,
du kennst das Omen N, und C IS NOMEN S, hundert
dieser Name S, usw. Wide gesagt würden drei verschiedene Bedeutungen ausreichen, um die Disparität, die
Unvereinbarkeit eines gemeinsamen, geschlossenen
Sinns aller Bedeutungen zusammen, zu gewährleisten.

Es soll ja kein Sinn vermittelt werden, und insofern die
eine oder andere Auflistung einen Sinn hat, so lässt sich
doch gerade wegen der großen Disparatheit aller Bedeutungen aus diesem einzigen Schriftzug keine einheitliche,
eindeutige Aussage herausholen. Werden zu viele Bedeutungen vermittelt – in der Psychoanalyse nennt man dies
wie schon erwähnt eine Überdeterminierung, indem sich
z. B. im Traum viele Bedeutungen zu einem einzelnen
Traumbild verdichten – bleibt keiner mehr zum wirklichen Begreifen übrig. Bleibt man jedoch in der Halb-
wachsamkeit des Meditierens, muss ihn das Unbewusste

selbst ganz direkt und unmittelbar herausgeben. Es handelt sich dann um den neuen Sinn, der in der Psychoanalyse Übertragungs-Deutung genannt wird, und den eben nur die Unmittelbarkeit des Unbewussten selbst geben kann.[38]

Auch wenn also manche Bedeutungen nicht sehr sinnvoll sind – es geht hier nur ums rein Strukturelle, F o r m a l e. Nichts wirkt im Unbewussten stärker, als ein Satz, der nichts sagt. Mantra und Koan vieler asiatischer Meditationsformen zeigen dies deutlich. Der chinesische Philosophen Zhuangzi lehrte, dass man grundsätzlich alles vergessen müsse, die ganze Kultur und alles Drum und Dran bis zur Verwirrung. Und dann sagte er: ‚Oh, würde ich nur einen Menschen kennen, der die Sprache vergisst, damit ich mit ihm reden könnte!‘ Er hätte auch sagen können: ‚. . . der mich an der Grenze des Sprachlichen überwältigt‘. Aus diesem Grund soll ja der Klient in der Psychoanalyse ‚frei assoziieren‘, er soll das Gedanklich-Sprachliche vergessen und nur ‚unter-sich-plappern‘, sich sozusagen selbst überwältigen. Um diesen Sachverhalt

---

[38] Was Freud den ‚Nabel des Traums‘ nennt, hat etwas mit der Urverdrängung zu tun, der ursprünglichsten Verdrängung bzw. einer primären, innerseelischen affektiven Gegenbesetzung. In der *Analytischen Psychokatharsis* geht dieser ‚Nabel‘ jedoch mit in die Erkenntnis und Selbsterfahrung ein. Er ist die Schnitt- und Bruchstelle, die durch die Anwendung der *Formel-Worte* erzeugt wird und daher analoge *Pass-Worte* hervorbringen kann. Die Analogie ist ‚naiv‘, mathematisch, was D. Hofstadter in seinem Buch ‚Die Analogie‘ als wissenschaftliche Beweiskraft ansieht.

für die *Analytische Psychokatharsis* zu nutzen, habe ich also die *Formel-Worte* entwickelt, die wissenschaftlichem Standard und vor allem der Lacanschen Psychoanalyse folgen, aber für das Meditieren geeignet sind.

Mag sein, dass der Leser bisher nicht positiv überwältigt ist, das wird in diesem Buch auch nur wenig gelingen. Schließlich besteht das Verfahren der *Analytischen Psychokatharsis* ja gerade darin, dass jeder Einzelne selbst, durch Eigenerfahrung, durch selbstsublimierende Therapie überwältigt wird und nicht durch Anweisungen oder äußerliche Erscheinung eines Anderen. Die angekündigten erste Übung wird gleich nochmals und vor allem im Anhang ausführlicher erklärt, der zweiten Übung widme ich ein eigenes Kapitel (Nr. 5), denn das Ergriffensein durch die vom Unbewussten herausgegebenen Phrasen oder Kurzsätze, die ich in Parallele und Kongruenz zu den *Formel-Worten Pass-Worte* nenne, verdient in ganz anderer Weise den Namen ,overwhelming', Überwältigung, Betörung und Bestimmung. Sie sind die vom Übenden selbst erfassten Identitätsnamen, Eigennamen, Selbstbestimmungen.

Die erste Übung, die man in bequemer Sitzhaltung absolviert geht von einem Es *Fühlt* aus. Freud selbst hatte schon geschrieben, dass „das Unbewusste . . . der Außenwelt Fühler entgegenstrecken würde, die rasch zurückgezogen werden, nachdem sie deren Erregungen verkostet haben."[39] Nicht nur der Außenwelt entgegen

---

[39] Freud, S., GW XIV, S. 8

wirken diese Fühler, auch im Inneren des Menschen wölbt und stülpt sich die Libido, was sich eben am besten in der ‚phallischen' Funktion ausdrückt, die daher von Freud wie von Lacan als die das Erregungsspektrum dominierende Funktion geschildert wird. Hommlette" – zusammengesetzt aus Homme (Mensch) und Omlette – nennt Lacan auch diese der Freud'sche Libido. Er schildert sie wie ein gallertartiges Wesen, das sich im Menschen oder über ihn ausstülpt, kriecht, vorwölbt und zündelt.

Diese Fühlerfunktion ist – zuerst einmal physiologisch gesprochen – wohl die primärste und breiteste Sinnesfunktion, die es gibt. Die verfeinertste dieser Funktionen stellt das Sehen dar, dann das Hören, Schmecken, Riechen und eben das Tasten, das Berühren. Gerade beim Menschen sind die letzten beiden etwas verkümmert. Beim Tasten geht dies soweit, dass man sich zwar die Hand gibt, das ganze jedoch so ritualisiert ist, dass man subtilere Berührungsempfindungen nicht registriert. Man spürt zwar den Druck, dessen Festigkeit oder Laschheit, man spürt Wärme oder Kälte, Trockenheit oder Nichttrockenheit, aber das ist dann schon alles. Manche versuchen durch einen lang dauernden und sich langsam verstärkenden Händedruck ein Gefühl auszudrücken, doch könnte Berührung noch viel mehr sein als das. Die Frühmenschen haben sicherlich viel mehr Körperkontakt gehabt, nicht nur in der Kälte haben sie zusammengekuschelt. Sie haben durch Berührung sogar kommuniziert.

Nun wird man heutzutage und auch in Zukunft zu solch intimen, persönlichen und urmenschlichen Verbindungen nicht mehr zurückkommen. Es ist auch gar nicht meine Intention, so etwas zu propagieren. Ich will das Tasten, die Fühlerfunktion, vielmehr zu seinen Wurzeln als dem ‚inner touch' zurückführen, wie ihn der Philosoph D. Heller-Roazen beschreibt.[40] Es handelt sich um ein Es ‚Empfindet', ‚Tastet', ‚Spürt', ‚Fühlt' in einem selbst. Der Autor führt das innere Berührungsgefühl auf ein Gemeinschaftsempfinden zurück, auf etwas ‚Koenästhetisches'. Damit ist gemeint, dass man nicht den neutralen Händedruck tauscht, sondern – will man sich wirklich begegnen – eine innere Gestimmtheit durch eben diese Gestimmtheit tauscht.

Bei der Psychoanalytikerin F. Dolto heißt diese Gestimmtheit, dieses ‚Koenästhetische', das ‚basal-erotisch-dynamische Körperbild', also eine Fühlfunktion dreifacher Art. Verschiedenartige Fühler stülpen sich in einem aus und bringen oft alles durcheinander. Der Händedruck ist eben nur eine rigoros reduzierte, total versachlichte Fühlfunktion, und diese wird man wie gesagt wohl nicht mehr ändern können (man kann andere nehmen, die jedoch genauso steril sein werden). Deshalb empfehle ich, die Fühlfunktionen zu sammeln und im Inneren des Menschen auszustülpen, und zwar nicht nach unten und vorne hin, wie Freud dies mit dem Phallischen beschrieb, son-

---

[40] Heller-Roazen, D., The Inner Touch, Der innere Sinn, Archäologie eines Gefühls, fischer wissenschaft (2012)

dern nach innen-rückwärts und oben hin. Freud machte keinen Fehler, denn er benutzte das Phallische, um es als Indikator des Verdrängten bewusst zu machen. Er hatte also einen guten Verwendungszweck für seine Theorie des ,Primats des Phallus' wie er es betonte.

Dagegen scheint die Selbstsublimierung, Selbstvergeistigung, wie sie in der *Analytischen Psychokatharsis* eine bestimmte Rolle spielt, über kein Primat zu verfügen. Sie tritt zuerst in äußerlichen Formen verschiedenster Sublimierungen auf: Arbeit, Kultur, Sport, Kunst, Politik, Wissenschaften etc., sie alle sublimieren laut Freud die zugrunde liegende Libido in Richtung gesellschaftlicher und persönlicher Vorteile. Nur, so seine These, reichen alle diese Sublimierungen nicht aus, die Grundkräfte von Eros und Aggression vollends zu bändigen und sinnvoll zu verwenden. Immer wieder kommt es zu Durchbrüchen nach außen, zu unverhofften und meist eben negativen Überwältigungen. Daran ändert auch die herkömmliche Psychoanalyse nichts. Mit der *Analytischen Psychokatharsis* will ich nun ein Verfahren propagieren, das vom Überwältigen selbst ausgeht, es aber von Beginn an bereits in die sinnvollste Sublimierungs-Richtung lenkt.

Das Es *Fühlt* könnte also als ein Anfang des menschlichen Seelenlebens gelten, wenn man es – um bei der Wissenschaftlichkeit der Psychoanalyse zu bleiben – als eine primär-primitive Kombination der beiden Grundtriebe auffasst. Wie schon erörtert handelt es sich fußend auf den Theorien Freuds und Lacans um die von vornherein gegebene Kombination das Wahrnehmungs-Schautriebs, des *Bild-Wirkenden* (*Strahlt*) und des Entäußerungs-Sprechtriebs, des *Wort-Wirkenden* (*Spricht*). Diese beiden sind es, die die ersten Fühlfunktionen darstellen. Wie Freud sagt ist deren Kombination anfänglich ‚polymorph/pervers' (mehr auf das ‚Sexuale' bezogen) oder wie es die Psychoanalytikerin M. Klein nannte ‚paranoid/schizoid' (mehr neuropsychologisch gesagt).

Man mag noch andere Bezeichnungen finden, aber die Kombination ist sicher beim Anfang des Lebens, also beim Säugling, nicht reif, gelungen, ideal, perfekt und vor allem, was für den Psychoanalytiker wichtig ist: objekthaft konstant. Es muss eine gewisse Objekthaftigkeit geben, das kann durchaus das Perverse oder Schizoide sein, auch wenn es dann infantil bleibt. Doch beim kleinen Kind ist das nicht so fertig ausgeprägt. Der Theoretiker ist berechtigt, derartig ursprüngliche, unreife Triebregungen so zu beschreiben, aber mit der gleichen Berechtigung kann ich von einem Empfingen, Fühlen der ersten Lebensmonate sprechen. Denn ich qualifiziere es ja nicht als ein Ich, das *Fühlt,* sondern des Es, das Freud'sche Es des Reservoirs der Triebe.

Wenn man im Perversen oder Schizoiden zum Vater seiner Leidenschaften werden kann, ist der Vater-Begriff, der Vater-Name als solcher nicht damit gemeint. Er ist eher verdreht, er ist ‚père-vers', vaterverdreht, wie Lacan persifliert, oder wie beim schizoiden Ödipuskomplex gegen den Vater gerichtet. Der Ausweg liegt im Sublimieren, indem die beiden Fühl-Funktionen sich nach innen und oben ausstülpen und sich auch nicht damit zufrieden geben die Lücke zum Durchbruch der Triebe nach außen nicht verhindern zu können. Nutz man das unbewusste Fühlorgan in diesem Sinne, wird man – sehr vereinfacht gesagt – zum Vater seiner selbst werden, zum ‚symbolischen Vater‘. Auch wenn dieser Ausdruck etwas heikel und seltsam ist, denn hinsichtlich der Vater-Metapher wurde immer schon auch von der Vater-Imago gesprochen, also vom Vater-Bild. Doch exakt an dieser Stelle kann die *Analytische Psychokatharsis* helfen. Die Katharsis baut sich von etwas Imaginärem her auf, sie hat mit dem *Bild-Wirkendem* zu tun, Lacans imaginärem Signifikanten.

Sie kann ein Es *Strahlt* sein, ein Es tastet, spürt wie der ‚inner touch‘ Roazens und bis zum ‚Es durchrieselt einen‘ im Doltoschen basal-erotisch-dynamischen Körperbild. Ich zitiere gerne die Geschichte von dem, ‚der auszog das Gruseln zu lernen‘, denn er fürchtete sich vor nichts. Am Friedhof oder bei den Gehängten zu übernachten und andere schaurige Dinge zu erleben ließen ihn völlig gleichgültig. Doch als die Zofe der Königstochter ihm einen Eimer Wasser mit Gründlingen auf den Bauch schüttete, durchrieselte, gruselte, durchschauerte es ihn wie er selbst erregt ausrief. Die Frühmenschen mit ihren ständigen Körperkontakten kannten dies gut, nur wir sterile Büro- und technisch gesteuerte Kunstmenschen, brauchen ein ausgewähltes, ziseliert-emotionales Musikstück, damit es uns noch einmal den Rücken herunterrieselt. Vom Es Fühlt wissen wir nichts und Es überwältigt uns auch nicht mehr.

Wer nun die Vater-Metapher, die Vater-Imago, das Vater-Prinzip in Form der beiden Grundkräfte (Bild- und Wort-Wirkendes) in sich vereint, hat das Ziel aller Ziele in einem gewissen Sinne erreicht. Er wird aber vielleicht noch nicht die *Analytische Psychokatharsis* genauso weitergeben können, wie ich es jetzt tue. Zwar braucht es keine Organisation, die dies bewerkstelligt oder gar kontrolliert. Jeder Einzelne kann dazu beitragen. Doch gehören dazu zwei Elemente, die ich nochmals betonen muss. Das erste betrifft die Wichtigkeit des Einzelnen. Nur mit ihm ist die Garantie des Subjektbezogenen, dass also jeder zuerst einmal auf sich selbst als Subjekt bezogen ist, auch wenn Subjekt heißt: unterstellt (subjectus) dem Unbewussten. Als solches ist der Mensch persönlich, intim und eben subjektbezogen er selbst. Das andere betrifft die gesicherte Handhabung, in der Praxis das *Strahlt* und *Spricht* real zusammengeführt zu haben, so dass sich *Pass-Worte* ergeben, die den Auftrag, das Verfahren weiter zu führen, klar vermitteln.

5. *Pass-Worte*

Von Generation zu Generation werden uns Namen gegeben, und nach etlicher Zeit frägt man sich, woher sie letztendlich gekommen sind. Sprachwissenschaftler belegen, dass sie ursprünglich Losungsworte, Identitätsworte waren, die sich durch betontes und wiederholt artikuliertes Aussprechen geformt haben. Nicht Gesten oder Bezeichnungen für Gegenstände waren die ersten Phrasen. Beziehungsworte, Namen, Titulierungen, haben den Anfang gemacht, und später, also bereits in der Phase der Hochkulturen, hat man sie oft einem Gott zugeschrieben. Aber im Grunde genommen können sie nur aus einem selber kommen, so wie man nur zu sich selber sagen kann, wer man wirklich ist. Alle Zuschreibungen von außen sind ungenügend. Man muss seinen Eigennamen im Sinne einer Identitätsbezeichnung finden.

Das erste *Pass-* bzw. *Identitätswort*, das ich bei mir selbst und aus mir selbst heraus durch Analyse und Meditation vernahm, als ich etwas erschöpft von einer Bergtour auf dem Rückweg eine Pause machte, lautete ‚teetrunken‘.[41] ‚Teetrunken‘? Von Tee trunken sein oder was? Jetzt, in der Stille, wo ich dasaß, schnappte sich das Bewusstsein sofort diesen Ansatz von Buchstaben, Silben oder schon fast ganzen Worten und macht eine Phrase daraus, leise und wie aus der Tiefe des Unbewussten herauskommend. Es war ganz klar, ich habe mich nicht verhört: „teetrun-

---

[41] Ich habe es in einem Buch, dem ich auch den Titel ‚teetrunken‘ gab, erwähnt und zitiere hier ein paar Zeilen daraus.

ken", wie seltsam! Das Rationale schaltet sich sofort ein und sortiert in Sekundenschnelle, ob das gehörte Unsinn ist oder doch versteckten Sinn hat.

Nein, von Tee kann man nicht trunken werden, auch die Leidenschaft eines Teeliebhabers würde man nicht so charakterisieren. Ich denke, die Bedeutung besteht aus einem mehr übertragenen Sinn. Es ist ganz klar, was es heißt, denn wenn es aus einem selber kommt, weiß man es meist sofort. Es handelt sich um etwas ganz anderes, als was man als Kind zugewiesen bekam, wenn es hieß, man sei ein Trotzkopf. Auch später waren die Namen, die man unter Freunden bekam oder durch schulische und berufliche Leistungen keine wirklichen Identitätsworte, keine auf einen selbst zutreffende Eigennamen, wie es eben die *Pass-Worte* sind, die aus dem eigenen Unbewussten kommen.

Für mich hatte ‚teetrunken' eher die Bedeutung einer Trunkenheit durch die Meditation generell, in der man eben nicht trunken wird von dem, was üblicherweise trunken macht. So eine Trunkenheit aus dem Nichts her wird ja oft in der Mystik behauptet. Mittelalterliche Eremiten und asiatische Weisheitslehrer erwähnen solche Phänomene mit Worten wie Sartori, Samadhi oder Ekstase. Sie sind von Gott intoxikiert, sagen sie manchmal. Ich nenne so etwas eine einfache Katharsis, eine Selbstsublimation, eine entspannende Abreaktion, das Wahrnehmen eines leichten „Durchrieselns" im Körperbild, ein befreiendes Umschalten im neuro-psychischen System, das dann eben einen Kanal für das Gedankenhören öffnet.

Es verhält sich ja auch oft im Normalzustand so, dass man nicht weiß, ob ein Gedanke jetzt ganz aus dem eigenen Ich kommt oder von woanders her angestoßen wurde.

Nur war es diesmal deutlicher, eklatanter, so als spräche eine Stimme zu jemanden, der zufällig ich war. All das passte zum Begriff der Überwältigung als eigener Seelenzustand, als *Pass-Wort* aus dem Unbewussten, als Identitätslogo, denn es hatte ja mit mir und meiner Leidenschaft für Kontemplation, Meditation, fürs Sinnieren in leicht abgesunkener, schwebender Aufmerksamkeit zu tun.[42] Trotz allem: ‚teetrunken‘ war ein gutes und schönes Wort, dachte ich mir beim Weitergehen nach unten ins Tal. Meine Rationalität sagte mir, dass es ok ist. Denn es geht bei ihm einfach um etwas *Anderes,* um den/das *Andere(n)* als solchem in einem selbst. Auf jeden Fall übertönt es all diese Riesen-Hinter- und Vordergrundgeräusche, denen wir ihnen normalerweise ausgeliefert sind: das Klappern der Welt, der Politik, der Leute, der Alltagsprobleme.

Obwohl es wie fremd, leise, wie von woanders herkommend klingt, ist das *Pass-Wort* doch so deutlich, dass ich vom Übertönen, ja vom Überwältigen sprechen kann. Die Stille wird irgendwie hörbar in den Momenten, wo man entspannt ein bisschen absinkt ins innere Betrachten, in die Kontemplation, die Muße. Und sie lässt dann eben

---

[42] Freud betitelte ja die psychische Verfassung des Therapeuten in der psychoanalytischen Sitzung als ‚gleichschwebende Aufmerksamkeit‘, also als eine meditative Haltung, die jedoch gleichzeitig gerade noch für rationales Verständnis offen war.

manchmal einen wie von weit her oder aus der Tiefe kommenden Signifikanten durch, der Bedeutung hat. Dass lang andauernde Stille zu dröhnen anfängt, stimmt natürlich nur unter der Bedingung, dass sie angespannt ist, also wenn Menschen z. B. wegen eines Problems beieinander sitzen, und keiner sagt etwas. Aber in der Situation, in der man erschöpft von der Wanderung ruht, oder sich gar an zwei oder drei der besagten *Formel-Worte* erinnert fängt die Stille zu flüstern an, zu murmeln oder nach unbewussten Gedanken zu klingen.

Ich fühle mich berechtigt, ein Aufgeschreckt-, Erstaunt- und Betörtsein durch eine derartige Phrase, als eine Überwältigung ganz genau in dem Sinne zu bezeichnen, wie sie Saketopoulou in ihrer psychoanalytischen Therapie definierte. Und es handelt sich sogar um eine Selbst-Überwältigung, wie sie die vierjährige Lumi doch auch in Szene setzte. Sie war es ja selbst, die nach Überwältigung durch das Liebesmonster rief, sie hätte sich das am liebsten selbst besorgt, konnte dies aber nur mit Hilfe der Mutter erreichen, die das Monster noch monsterhafter spielen sollte. Ergreif mich, nimm mich, knuddel mich bis zum Geht-nicht-Mehr. Sags mir, was ich für dich bin, ja wer ich überhaupt bin, aggressiv-libidinös, überwältigt oder was? Nun ist ‚teetrunken‘ nicht gerade ein Macht-, ein Schimpf-, ein Mahnwort oder ein Wort heftiger Zurechtrückung. Aber die Tatsache, dass es wie ein *Anderer* aus mir und zu mir gesprochen hat, war zumindest überwältigend.

Andere *Pass-Worte* machen diesen Sachverhalt vielleicht deutlicher. So hörte einmal eine meiner Probandinnen, die die *Analytische Psychokatharsis* seit einigen Monaten übte, folgenden Gedanken in sich wie von ferne herkommend: ‚Kehr dich ein‘. ‚Kehr dich ein, kehr rein, kehr bei dir ein‘, oder wie sollte man es auffassen? Vielleicht gar ‚Kehr um‘? Nach einigen Sekunden jedoch war ihr klar, was es heißen sollte: ‚Betreibe doch endlich einmal deine Selbsteinkehr, kehr zu dir zurück oder verankere dich endgültig in dir. Es hatte mit vielen Beziehungen zu tun, die sie führte und die nie zu einem befriedigenden Ergebnis kamen. Immer verlief etwas im Sand, wurde nicht fertig oder verlor vollkommen seinen Reiz. Sie fühlte sich von dem *Pass-Wort* attackiert, gerufen und gemahnt. Auf jeden Fall hatte es eine überwältigende Art, das Leben neu zu ordnen, und da passte es ja, mit dem Meditieren angefangen zu haben und es weiter zu praktizieren.

Doch nochmal ein allerletztes Beispiel für das Wesen der Überwältigung durch eines in der *Analytische Psychokatharsis* erworbenen *Pass-Wortes*, das ich für besonders originell halte. Es handelte sich um eine Patientin, die mit der Methode ebenfalls schon längere Zeit geübt hatte, sich aber auch in psychoanalytischer Literatur gut auskannte, weil sie Psychologin war. Nachdem sie in einer ersten Übung ein paar *Formel-Worte* rein gedanklich wiederholt und eine befreiende Luzidität (Blick-*Bild-Wirkendes*, das ich auch in vielen meiner Veröffentlichungen ein Es *Strahlt* genannt habe) wahrgenommen hatte, konzentrierte sie sich in einer zweiten Übung auf den ‚Laut' (das *Wort-Wirkende*, von mir auch als ein Es *Spricht* bezeichnet). Wie von ferne kommend, leise, aber doch klar vernahm sie nach einiger Zeit der Meditation den Spruch: „Schwarz gehört"!

Schwarz gehört? Gibt's das? Die Psychologin fühlte sich überwältigt. Schwarz gesehen, so etwas sagt man schon öfter, aber schwarz gehört! Na klar, sagte sie mir, „man kann schwarz fahren, schwarz Geld umtauschen und eben auch schwarz hören, denn genau das ist es doch: es geht in der Meditation nicht um das normale Hören mit dem Ohr, auch nicht um das Hören mit dem „Dritten Ohr" wie es der Psychoanalytiker T. Reik einmal formulierte. Er hat es zwar poetisch originell gesagt, aber wissenschaftlich würde man das anders nennen. Und überhaupt, hat man nicht im Krieg den Ausdruck oft gebraucht, wenn es um das Hören verbotener Radiosender, speziell der Feindsender ging?" Ja, Schwarzhören war im Krieg ein ‚Rundfunkverbrechen' und auch heute noch gibt es an Universitäten Schwarzhörer, die in unerlaubte Vorlesungen gehen oder solche, die verbotenerweise Telefone abhören.

Doch bei meiner Patientin ging es um etwas anderes. Ich versuchte es ihr zuerst mit dem Begriff der „Echos des Körpers" zu erklären, konnte ergänzen, dass das innere Gewahr werden von Lauten, von den ‚ultrareduzierten Phrasen' herkommt, dass diese durch die sogenannten ‚Engführungen der Signifikanten' haben gehen müssen. Diese Engführungen, die Lacan die ‚defiles logiques' heißt, werden durch die Schichten des unbewussten typographischen Raumes gebildet, sie sind den verbalen Signifikanten immanent, dem *Wort-Wirkenden*. Dieses aus den ‚defiles logiques' herausquellende Hören ist tatsächlich so fremdartig, dass man es bestens als ein ‚schwarz hören' bezeichnen könnte. Es ist, als zapfe man in sich einen fremden Sender an, doch es ist nur das/der *Andere* in uns selbst.

Meiner Patientin fielen dann auch die wichtigen Dinge ein, die sie wohl mehr oder weniger ‚schwarz gehört', die sie aber auch selbst verbreitet hatte, nämlich all die Intrigen, Mauscheleien und die hinter vorgehaltener Hand geflüsterten Sätze. Sie waren doch nichts anderes gewesen als im Schwarzdunklen getauschte Kommunikationen. Man hätte sie nicht hören und sprechen sollen, so wie man auch die ins Unbewusste hin verdrängten Gedanken und Bedeutungen nicht hören will. Wer will schon die eigenen, niedrigen, unguten Gedanken hören. Aber am besten gefiel mir das *Pass-Wort* mit dem ‚schwarz hören' auch als wesentlich für die Meditation.

Denn niemand sitzt dabei, wenn man beim Meditieren etwas in sich hört, und doch handelt es sich um etwas ernsthaft Gesagtes. ‚Hast du etwas heimlich, also schwarz gehört', fragte sich meine Patientin schließlich selbst und fühlte sich dadurch etwas überwältigt. „Ich habe mich ertappt gefühlt, aufgeschreckt, und tatsächlich fiel mir ein, dass ich als Kind ein Gespräch meines Bruders belauscht habe, und das hatte alle möglichen Konsequenzen", berichtete sie. Etwas belauschen ist etwas Ähnliches, vielleicht Umgekehrtes, wie Sich-Versprechen. Im

Verborgenen sich tummelnde Laute enthüllen sich und überwältigen einen.

Manchmal verhält es sich beim Vernehmen der *Pass-Worte* so, als würde man mit dem eigenen Namen gerufen. Wer so etwas auch mal außerhalb jeder psychologischen Übung erlebt hat, weiß, dass es wie eine seltsame Erinnerung, wie ein sanfter Appel, ein Gemahnen oder geheimes Erwähnen klingt. Ein ‚Weißt du noch?‘ Ein ‚Du‘? Die Stimme der Mutter aus frühesten Tagen, in denen man noch gar nicht sprechen und verstehen konnte, die aber den Namen ihres Kindes ihm Zig Mal am Tag zugerufen und in der Nacht zugeflüstert hat. Ja, das bist du und das ist das Wispern deiner Mutter, der du vielleicht eines Tages vorgeworfen hast, sie habe dich nicht genug geliebt. Hat sie vielleicht auch nicht, aber der von ihren Lippen sich lösende Name des Kindes kommt wieder in dem wie aus der Ferne und Tiefe herausklingenden *Pass-Wort* zu Tage.

Ein gutes Beispiel dafür ist die Geschichte von Samuel aus dem Alten Testament, dessen Mutter erst nach dramatischen und verzweifelten Bemühungen, Gebeten und Besuchen beim Tempelpriester Eli ein Kind bekam. Die andere Frau ihres Mannes hatte nämlich schon mehrere Kinder geboren, und als sie jetzt endlich ihren Samuel hatte, sagte sie so ungefähr, dass er ja eigentlich das Kind Jahwes sei, denn es war ein Wunder, dass ihre Gebete erhört worden seien. Und so gab sie ihn zum Oberpriester Eli in den Tempel. Dort diente er viele Jahre und träumte eines Nachts, Eli, der uralte Tempelvorsteher, habe ihn zu sich gerufen. Wollte er ihm vielleicht seinen Segen geben, sein letztes Wort? Nein, der Alte sagte nur: „Leg dich wieder hin, ich habe dich nicht gerufen, du hast geträumt."

Doch schon bald danach hörte Samuel wieder seinen Namen, stürmte wieder zu Eli, der ihn erneut mit den gleichen Worten tröstend verabschiedete. So brauchte es – wie es ja oft in Märchen und Heiligenlegenden ist – noch ein drittes Mal. Wieder hörte Samuel ganz deutlich und nicht mehr im Traum – vielleicht kurz danach oder in einer meditativen Verfassung – seinen Namen rufen. Erneut ging er zu Eli, der ihn wieder wegschickte, diesmal aber gemerkt hatte, dass bei seinem Ziehsohn Samuel etwas Besonderes vorlag. Deshalb sagte er zu Samuel: Wenn du den Ruf wieder hörst, sag sofort: „Rede, dein Knecht hört!" Und so hörte Samuel schließlich die Stimme seines Gottes wie Eli ihm nahegelegt hatte und fühlte sich zu Höherem berufen.[43]

Heute würden wir sagen, dass es das Kern-Unbewusste war, das Samuel nicht nur gerufen, sondern geradezu überwältigt hatte in Form des *Bild-* und *Wort-Wirkenden* (imaginärer und verbaler Signifikant, das *Strahlt* und *Spricht*). Und dies in besonders enger, gelungener, reifer Kombination, die im Namen Samuel (von Gott erbeten) allein besteht. Denn dieses Unbewusste besteht zu einem Teil aus dem Verdrängten, aus Samuels Mutter- und Vaterproblematik. Es klingt ja besonders eindrucksvoll, dass

---

[43] 1. Samuel 1:1 – 3: 15

die Mutter den so sehr gewünschten Sohn weggibt, so als wäre es ihre einzige Intention gewesen der Rivalin zu zeigen, dass sie auch einen Sohn und Nachfolger in der Familie zur Welt gebracht hat, und ihn eigentlich für sich gar nicht braucht. Oder dass sie so ultraorthodox war, dass sie es nur für ihre eigenes Heilsgeschehen, für ihren eigenen Glanz getan hat. Solch ein Trauma, nämlich weggegeben und nicht um seiner selbst willen gewünscht zu sein, könnte in ihm den Wecklaut, den Ruf nach ihm selbst ausgelöst haben, der ihn in seiner Identität bestätigt und anerkennt. Dieses Begehren nach Anerkennung kreuzt sich in ihm mit der Anerkennung eines Begehrens, von dem die Bibel allerdings nichts erwähnt.

Zum anderen Teil besteht das Unbewusste auch aus dem, was Freud die von mir schon mehrfach diskutierte Urverdrängung genannt hat. Damit ist ein noch elementarerer Bereich des Unbewussten gemeint, der nicht nur ,strukturiert ist wie eine Sprache' im herkömmlichen Sinn, sondern sehr elementarsprachlich, bildsprachlich, bildlogisch aufgebaut ist. Dafür ist der Eigenname, dessen Besonderheit ich schon geschildert habe, ein typisches Phänomen. Wie schon zitiert bedeutet Samuel ,von Gott erbeten oder gehört', was vielleicht noch mehr mit Samuels Vater zu tun hat, der seinen Sohn ganz dem Willen der Mutter überlassen hat, der ihn also nie gerufen hat und wohl selbst nicht so gläubig war wie die Mutter. So musste sich die Vater-Metapher, also das, was es nun wirklich heißt im umfassenden Sinne Vater zu sein, selbst Gehör verschaffen.

Genau in diesem Sinne sind auch die Identitäts- oder *Pass-Worte* zu verstehen. Sie verbinden die nach außen gerichteten Begehrensworte, Begehrensgedanken die urverdrängt waren und so als Kausales für die Freud'schen Deutungen gesehen werden, mit den final gerichteten kreativen Einfällen im Unbewussten. Meistens ist aus den *Pass-Worten* beides herauszuhören, was dem Verfahren der *Analytischen Psychokatharsis* eine umfassendere Wirkung verschafft, nämlich diese direkten ‚ultrareduzierten Phrasen', paternalen Namen, linguistisch gesteuerten Losungsworte bis hin zu den *Pass-Worten*. Damit wird aber auch bestätigt, dass es hauptsächlich um die gelungene, fertig gereifte, gute Kombination der beiden Grundkräfte geht und gehen muss, die jeder Einzelne in sich verwirklichen kann. Es muss aber auch bekräftigt werden, dass die *Pass-Worte* nicht mehr mythisch-mystisch wie im Alten Testament, sondern wissenschaftlich durch die *Formel-Worte* in einer Weise induziert werden, die Sicherheit und Garantie gibt.

Denn anfangs ist diese Kombination nur unreif, völlig unbewusst, ‚polymorph-pervers- wie Freud sagte, oder ‚schizoid-paranoid' wie die Freudschülerin M. Klein es mehr neuropsychologisch benannte. Samuels *Pass-Wort* ist sein eigener Name, noch dazu mehrfach gerufen, was eine primär narzisstische Grundhaltung Samuels nahelegt. Getrieben von einer mächtigen Eigenliebe könnte Samuel so recht geschickt handelnd Elis Nachfolger werden. Eine derartige Deutung tut dem Alten Testament keinen Abbruch, denn es bezeugt die besonders starke *Spricht*-Religion, die sich gegenüber den konkurrierenden *Strahlt*-Religionen (Assur, altes Ägypten, Babylon etc.) bewähren musste und dazu einen Gott, eine spirituelle Vater-Metapher, eine gelungene Kombination des *Bild-Wort-Wirkendem* brauchte.[44]

Nicht immer und auch nicht überall existiert diese Art des inneren Hörens in der Meditation wie sie in der Antike aus mystisch-mythischen Gründen üblich war und jetzt in der *Analytischen Psychokatharsis* eine Erneuerung findet. Doch der Unterschied zwischen damals und heute ist enorm. Da Samuel die zehn Gebote kannte und von ihren Gesetzen und der monotheistischen Wortbetontheit geprägt war, musste jede Botschaft aus dem Inneren von diesem Narrativ her, aus diesem Schatzhaus spiritueller Signifikanten kommen. Seine Gebete waren bereits vorbestimmte, festgelegte Wortformeln und nicht in sich kontradiktische *Formel-Worte*. Zudem hatte ihm Eli, sein Oberpriester, in dieser Bestimmtheit bestätigt, Zweifel an der Richtigkeit und Echtheit dessen, was er in sich hörte, waren kaum noch möglich.

Ganz anders erging es ca. zweitausend Jahre später der Heiligen Theresa von Avila, die sich entsetzlich mühen und quälen musste, um ihren Erscheinungen und inneren Botschaften als die von Gott oder vom Teufel kommend

---

[44] Der Ägyptologe J. Assmann hatte die These aufgestellt, dass die mosaische Religion sich von dieser stark bildhaften, sinnenfreudigen, kosmotheistischen Religion Ägyptens unterschei-dend absetzen musste (Assmann, J., Die Mosaische Unterscheidung: oder der Preis des Monotheismus, Edition Hanser (2010).

zu unterscheiden. Auch Luther tat sich damit noch schwer, besaß aber schon eine Gesprächstechnik. Er sagte, dass er sich mit dem Teufel unterhalten müsse, denn sie würden sich gegenseitig sehr gut kennen, während Gott zu weit in der Distanz bzw. Transzendenz lebe. Natürlich stand auch bei ihm des *Pass-Wort* schon fest: es war die göttliche Gnade, die speziell ihm zuteilwurde. Und so muss auch der Psychoanalytiker die Rolle des Teufels einnehmen, denn er muss den Patienten zu Geständnissen verführen, er muss ihm die Wahrheit, die *Pass-Worte* entlocken. Der Teufel repräsentiert das Unbewusste, das – wie ja von Freud zitiert – nicht denkt, aber weiß. Am besten ließ sich dies ja an dem Grimm'schen Märchen vom Teufel mit den drei goldenen Haaren zeigen.

In diesem Märchen muss der jugendliche Held, um die Prinzessin zu gewinnen, in die Hölle gehen, aus der man – wie es dort heißt – normalerweise nie mehr zurückkommt. Doch die Großmutter des Teufels verschafft dem jugendlichen Protagonisten die Kenntnis der notwendigen Geheimnisse und die drei goldenen Haare, die er benötigt. Interessant ist an diesem Märchen jedoch, dass die Geheimnisse nicht die bösen Taten des Teufels sind, weil er irgendetwas böswillig verhext hat, sondern dass er – wie das Unbewusste – weiß! Er weiß, wo die Dinge ihren Haken haben und wodurch somit die Menschen fehlgehen, verrät es aber niemanden.

Es verhält sich also tatsächlich wie mit Freuds Unbewussten. Es kommt sicher nicht von ungefähr, dass der Teufel und das Unbewusste so ähnlich sind. Sie sind

nicht böse, sie wissen nur darum, und so muss man sich
dieses Wissen dort holen. Typisch auch die Großmutter,
denn in der Psychoanalyse geht es oft um die ‚große Mutter‘, die frühe Mutter, die Hexen-und-Feen-Mutter, die
‚primäre Mutter-Imago‘, mit der das kleine Kind in unbewusste Beziehungsgestaltungen verwickelt ist. Es handelt sich um ein bisschen Hölle, durch die man in jeder
Psychoanalyse hindurch muss, doch wenn es gut geht,
wird man ins königliche Schloss des eigenen, gelungenen
Lebens einziehen können.

Und noch etwas ist an dem Märchen vom Teufel mit den
drei goldenen Haaren der Psychoanalyse so verwandt.
Man darf den Teufel nicht selber träumen lassen, also den
Psychoanalytiker nicht selbst zu voreilig eine Deutung
vorweg meditieren und ausdrücken lassen, vielmehr muss
man ihm Träume erzählen. Dies tut die Großmutter im
Märchen. Jedes Mal, wenn sie dem Teufel im Schlaf ein
goldenes Haar ausreißt und er fluchend aufwacht, sagt
sie, sie habe geträumt (z. B. von einem Brunnen, der dort
und da versiegt ist oder anderes). Darauf verrät der Teufel – eitel wie er ist – die richtige Deutung, z. B. nämlich,
dass eine Kröte unter einem Stein den Brunnen hat aus-
trocknen lassen, und so macht es auch der Analytiker. Er
verführt, überwältigt den Patienten zur Akzeptanz seiner
diabolischen Träume, zum Ausbrüten seiner für ihn zu-
treffenden *Pass-Worte*, zur Wahrheit seiner Identität.

Der Teufel wie auch der Psychoanalytiker machen es
übrigens auch ähnlich wie es Vergil in Dantes göttlicher
Komödie tat. Dante lässt sich von ihm durch die Hölle
führen und so übernimmt Vergil die Rolle des Analyti-

kers für seinen Klienten Dante. Das Besondere daran: Vergil selbst konnte nicht auf endgültige Erlösung hoffen, da er nicht als Christ getauft war wie es zu Zeiten Dantes ‚state oft he art' war. Vergil übernimmt also auch hier eigentlich die Rolle des Teufels bzw. des Unbewussten. Wie Vergil ergeht es den Analytikern, der ihre eigene Analyse nicht zu Ende gebracht haben und auch wohl nie zu Ende bringen, also nie erlöst sein werden. Schon Freud ist es so ergangen, und er hat deshalb wie schon zitiert von der ‚unendlichen Analyse' gesprochen. Eine befriedigende Kombination der beiden Größen, des real Imaginären (*Bild-Wirkenden*) und des real Symbolischen (*Wort-Wirkenden*) gelingt eben nicht ganz.

6. Wortklangbild, Haiku und die Stimme aus dem Off.

Die *Pass-Worte* bestehen also meist aus ultrakurzen Phrasen so wie es auch die japanischen Haiku sind, die Momentaufnahmen, Stillleben in Worten oder Traumgedanken darstellen, so zum Beispiel:

Ein Fenster im Haus
der Blick in die Berge gelingt
den Malvenblüten

oder

Seelen kennen sich
Adler lieben sich im Fall
weit ist der Boden

Ein bisschen anders, aber ähnlich delirieren die Lyriker, so beispielsweise Giuseppe Ungaretti:

Wie dieser Stein
Ist mein Weinen
Man sieht es nicht.
Den Tod
büßt man
lebend ab.

Und noch etwas kryptischer vermittelt sich Ezra Pound in seinen Cantos:

Yao und Schun herrschen mit Jade
Dass sich die Göttin in ihr kristallierte
Dies der Ritus des Korns.[45]

---

[45] Pound, E., Cantos, DTV (1989)

Was sollen all diese Wortklangverschachtelungen? Wollen sie einen auf die sanfte, poetische, gedichtete Weise überwältigen? Ja, es ist klar, sie wollen hinter das Alltags- und Normalsprachliche zurück, sie wollen die Sprache verkürzen, um dann aber doch mit ein paar Lauten mehr Intensiveres zu sagen, als man es üblich tut. Sie wollen nichts Normalsprachliches, Lineares und nüchtern Informatives sagen, sondern etwas zum Verweilen, zum langsam Lesen und Nachdenken ausdrücken. Die Haiku und die Gedichte klingen ähnlich wie die geschilderten *Pass-Worte*, auch wenn ganz Anderes damit bewirkt wird, aber die Überwältigung durch berauschende oder einnehmende Wort-Klang-Bilder ist im Spiel.

Und sie ist es eben, die wie bei Saketopoulous Fallgeschichte wirkt, verändert und gefährlich betört. Lyrik hört sich wohlklingend an, aber oft weiß man nicht, was sie sagen will. Und so bestricken, bedrücken und überwältigen einen schließlich auch die *Formel-Worte*. Viele reagieren gegen sie mit deutlichen Zeichen psychischer Abwehr. Diese formalartigen Verbalisierungen sind zu seltsam, zu monströs, zu sperrig, fremd usw. Doch dahinter steckt eben meistens der in der Psychoanalyse bekannte Widerstand. Die Menschen bemerken, dass man damit versteckte Gefühle hervorholen kann, dass man hinter die psychischen Fassaden sehen und verdrängte Bedeutungen aufdecken kann, und dann will man sich lieber nicht damit beschäftigen.

Auch die *Formel-Worte* sind also Liebesmonster, die man zuerst einmal gar nicht mag, aber sie haben den Vorteil, dass sie dem alten und überholten Märchen von der Schönen und dem Biest eher ein bisschen entsprechen. Kann man sich nämlich mit ihnen anfreunden, verwandeln sie sich zwar nicht in den großartigen Prinzen, aber doch in ein Geschenk dieser Liebesmüh. Bei keinem Probanden, die das Verfahren der *Analytischen Psychokatharsis* angewandt haben, fehlte gleich zu Anfang der ersten Übung die Katharsis einer – zumindest leichten – befreienden Erfahrung. Das ist auch kein Wunder. Plötzlich wird man vom normalen, gerichteten, logischen Denken weggerissen in die scheinbare Unberechenbarkeit einer gespenstischen Formulierung (berechenbar ist sie jedoch durch die sich in ihr überlappenden Bruchstücke).

Einerseits nutzen alle diese Wortverschachtelungen – auch die *Pass-Worte* – die gleiche Quelle, den ‚linguistischen Kristall‘ des Unbewussten, wie Lacan den Knoten nennt, den Bedeutungs-Knoten, die Verwicklung des *Bild-Wort-Wirkenden* in der seelischen Tiefe. Andererseits: Die Gedichte antizipieren einen Sinn, den man zwangsläufig miterfasst, es sei denn man geht so weit wie Ezra Pound es getan hat und wofür er – einschließlich noch ein paar gesonderter Ungereimtheiten – in die Psychiatrie eingewiesen wurde. Verstand er sich selbst nicht mehr? Seine Verse klingen gut, wenn auch befremdlich, sie gehen durch alle Sprachen, Orte und Zeiten hindurch. Ähnlich ergeht es einem mit ‚Finnegans Wake‘ von J. Joyce, ein Text, an dem heute noch viele herumrätseln. Man hört den Sound, spürt auch die Wirkung, aber versteht nichts.

Die *Pass-Worte* antizipieren den Sinn nicht so literarisch, poetisch, manchmal jedoch ebenso rätselhaft. Aber da sie von einem selbst kommen, sind sie doch einfacher und schneller zu enthüllen, ja manchmal sagen sie die Wahrheit in ironischer, maliziöser oder sehr direkter Weise, der man nicht auskommen kann. Auch hier spürt man sofort die Wirkung, denn wie gesagt, sie stammen von einem selbst, aus dem eigenen Unbewussten, und so liegt nach wie vor der Schlüssel zur wahren Äußerung in der knappen, konkreten, ‚ultrareduzierten' Form der Kombination des Linguistischen mit den Kristallinen, des *Wort-Wirkendem* mit dem Blick- und *Bild-Wirkenden*. Manchmal wird das *Wort-Wirkende* noch stärker übertrieben als in den genannten Beispielen von Pound oder Joyce, wenn zum Beispiel der Zenmeister, dessen Aussagen oft den Haiku ähnlich sind, auf die Frage seines Schülers, wie es denn nun weitergehen soll, antwortet: ‚Rote Socken hängen auf der Leine'.

Trotzdem, die Sache funktioniert, wenn es so auch für uns heute nicht mehr nachvollziehbar und für uns auch nicht zweckmäßig ist. Es funktioniert so, wie es auch stimmenähnliche Geräusche aus dem Off tun, die man im ersten Moment nicht exakt zuordnen kann zu wem sie gehören oder warum sie so klingen. Aber wenn sie jemand betont interpretiert, wenn sie jemand ernsthaft und wiederholt ausdrückt, ergeht es einem wie dem Zenschüler, der die ‚roten Socken' so schnell nicht mehr vergisst, auch wenn er sie als unsinnig abtun wollte. Schließlich steckt dahinter seine Beziehung zum Lehrer, der vielleicht schon einen Bekanntheitsgrad und guten Ruf hat, und in diesem Zusammenhang steckt der Schüler in der Klemme der Überwältigung. Er muss sich überwältigen lassen, sonst hat der ganze Zen keinen Sinn.

Dieses betonte Interpretieren erinnert mich an einen Esoteriker, der aus dem weißen Rauschen von Radioempfängern Stimmen herauszufiltern glaubte, die kurze Sätze sagten. Um andere Zuhörer zu überzeugen, wiederholte er laut die Worte, die er heraushörte. Und tatsächlich, man konnte sich dann diesen stimmhaften Sätzen nicht mehr ganz entziehen. Solange man die gleichen stimmenähnlichen Geräusche hörte, konnten einem keine anderen Lautfolgen einfallen. Manchmal erinnert so etwas auch bei ungewohnten Geräuschen, die stimmähnlich klingen oder bei denen es sich um Unsinn handelte, der im allerletzten Sinne vielleicht gar kein völliger Unsinn war. Er spiegelte nämlich – oder besser: er echote – etwas vom eigenen unbewussten Denken wider. Er lässt die zugrundeliegende Hörigkeit, das entstellte Hören der eigenen, unbewussten Gedanken endlich einmal zu Wort kommen, denen man sich dann nicht mehr entziehen kann. Man wird schamlos überwältigt.

Exakt da, in diesem Rhythmischen, aber auch Kreativen der tanzenden Phoneme und Semanteme, *Bild-Wort-Wirkendem* als solchem, liegt der Angelpunkt allen psycho-physischen Geschehens, der Grund-Algorithmus, das Axiom. Die algorithmische Informationstheorie bestätigt dies besonders gut. Sie ist eine Theorie aus der theoretischen Informatik, die in einem gewissen Gegensatz zur klassischen Informationstheorie steht. Der ‚algorithmische Informationswert' ist umso höher, je weniger eine Zeichenkette (unter anderem durch Datenkompression) komprimiert werden kann. Zufällige Zahlenfolgen und weißes Rauschen enthalten in der Regel keine vorhersagbaren Muster und sind deshalb nicht komprimierbar – der algorithmische Informationsgehalt ist deshalb höher."[46] Es verhält sich also wirklich umgekehrt wie bei der üblichen Information durch Resonanz, also klar hörbare und differenzierte Lautfolgen, während die Redundanz – das gerade zitierte weiße Rauschen wie es aus dem Radio oder Fernseher bekannt ist – die für den Verbraucher zwar nutzlose, dennoch erhöhte algorithmische Information enthält.

Die Aussage des Zenmeisters und des Dichters Ezra Pound könnten einen hohen ,algorithmischen Informationswert' haben, aber er ist unmöglich in wissenschaftlicher Weise – auch nicht kulturtheoretisch und auch psychoanalytisch nur sehr pauschal – erklärbar. Die anderen Gedichte und auch der Sermon, den ich hier verbreite, haben dagegen einen niedrigen algorithmischen Informationsgehalt. Die Gedichte reden ziemlich viel herum, nur um eine anvisierte Stimmung zu erzeugen, und ich muss viel zu viel schreiben, um die Menschen zu bewegen, einen Versuch mit der *Analytischen Psychokatharsis* zu machen. Bei den *Pass-Worten* würde dann nämlich jeder merken, dass sich Resonanz und Redundanz, Algorithmik und Informationsgehalt gut die Waage halten. Sie vermitteln eine Stimme aus dem Off, das man gut zuordnen

---

[46] Algorithmische Informationstheorie – Wikipedia

kann, da sie aus einem selbst kommt und nicht so entstellt ist wie die entscheidenden Worte im Traum.

Auch im Traum kommt die Überwältigung durch ein Paradox zustande. Der Verstand, das gedankliche Bewältigungsprogramm, der Begreifer, wird angeschaltet. Man begreift nichts mehr, lässt sich aber betören und bestricken. Das ‚ultrareduzierte *Strahlt* und *Spricht* schlägt zu, und so kann ich erneut betonen, dass die letzte Hörigkeit nur ein Laut, ein Ton ist, Primärvorgang des Verlautungs- bzw. Sprechtriebs, der Stimmklang aus dem Off. Wenn diese Hörigkeit denn Gott wäre, könnte man sie als ideal bezeichnen, nur verwendet sie heute niemand mehr. Wir sind allem Möglichen hörig, nur nicht dem so wichtigen Bild-*Wort-Wirkendem* in uns selbst.

Auch die ‚Stimme des Objekts‘ (der psychischen Fixierung) in der Psychoanalyse ist nicht ideal, sie ruft laut Freud nach oralen, analen, genitalen, stimmlichen und blicklichen Trieberfüllungsgehilfen, und so eignet sich keines von ihnen zur ‚guten Objekt-Konstanz‘. Eine solche sollte das Ziel der Psychoanalyse sein. Der ideale Psychoanalytiker könnte auch so ein Objekt sein, aber schließlich muss man ihn ja wieder einmal loswerden und seine Stimme ist so nur im On vorstellbar. Er müsste schon halb delirierend sein Fachwissen kundtun, wie es vielleicht annähernd bei J. Lacan der Fall war. Doch Lacan betonte immer wieder, dass man ihn gar nicht so gut verstehen sollte, weil dies nur Verinnerlichung der vorgefertigter On´s wäre.

Und so erklärte er einmal ausdrücklich, dass er gar nicht zu seinen Zuhörern spreche, sondern zu den Mauern, zu den Wänden ringsherum. Als dann einige protestierten und sagten, „wenn Sie nur zu den Wänden sprechen, können wir ja nach Hause gehen", erwiderte Lacan ungefähr: durch den Widerhall von den Wänden erzeuge ich ein Sprechen aus dem Off. Gerade weil ich mich nicht bemühe, eine Form von Höflichkeit und absoluter Verständlichkeit meinen Zuhörern gegenüber zu bewahren, spreche ich authentischer und so, wie eben auch das Unbewusste spricht. Wenn man sich immer nur darum kümmert, es allen recht zu machen, bleibt das eingeengte On unter sich. Nur eine Stimme aus dem Off kann uns wecken und Elementares vermitteln. Lacan konnte jedoch durch solche Methoden wie das Sprechen zu den Wänden bei gleichzeitigem inhaltlich brillantem und intellektuellem Ausdruck den Off-On-Kontakt recht gut herstellen.

Und so sind die *Pass-Worte* ideale Stimmen aus dem Off, denn sie sind nur aus dem *Strahlt* und *Spricht* des Unbewussten selbst gemacht. Aus den Buchstabenreihen und ihren Schnittstellen, aus den disparaten Phonemen, aus den Bild-Wort-Verschachtelungen, wie man sie nicht knapper, konkreter und präziser schaffen könnte. Auffallend ist auch ihre ‚Plötzlichkeit', denn sie kommen erst im Zustand der über die Katharsis hinausgehenden und noch einige Zeit im inneren Hören vertieften Konzentration auf den Ton oder Laut, auf das Es Verlautet, Es *Spricht* zustande. Man kann einen Vergleich zu dem Buch ‚Plötzlichkeit' des bekannten Literaturkritikers und

Publizisten K. H. Bohrers Buch ziehen, in dem der Autor exakt dieses Phänomen auch aus dem Alltag berichtet.[47]

Im Klappentext zu diesem Buch stehen folgende Assoziationen: *Über die analytische Illusion. Zur Vorgeschichte des Plötzlichen. Die Generation des »gefährlichen Augenblicks«. Die Furcht vor dem Unbekannten. Der Irrtum des Don Quixote. Das Problem der ästhetischen Grenze. Ästhetik und Historismus: Nietzsches Begriff des »Scheins«. Nietzsches »Wahnsinn« im kulturellen System. Augenblicksemphase und Selbstmord. Zum Plötzlichkeitsmotiv Heinrich v. Kleists.* All diese wunderbaren Begriffe theoretischer Natur lassen sich viel besser verstehen und ins Leben einordnen, wenn man sie durch eine Selbst-Praxis eigens erfahren kann und das Motiv der Überwältigung, das ja fast grundsätzlich im Plötzlichen steckt, authentisch begreift.

---

[47] Bohrer, K. H., Plötzlichkeit, Zum Augenblick des ästhetischen Scheins, Suhrkamp (1981)

7. Beatrice, Laura und Dora

In den Geschichten vom ‚overwhelming‘ darf natürlich nicht diejenige fehlen, in der man von hemmungsloser Liebe, von einer geradezu erotomanischen Sucht überwältigt wird. Für diese Liebe gibt es kein Wort, weshalb sie umso mehr dem Blick-*Bild-Wirkendem*, dem *Strahlt* zuzurechnen ist. In der indischen Mythologie stechen Rama und Sita als ein derartiges Liebespaar hervor, im mittelalterlichen Persien sind es Madschnūn und Lailā. Der – aus dem Arabischen übersetzt: ‚von Laila Besessene‘ übertritt alle möglichen religiösen Vorschriften, wird von Lailas Eltern abgelehnt und schreibt schließlich manisch verzückte Liebesgedichte. Nichts steigert diese Liebe mehr, als wenn sie nicht erfüllt wird oder werden kann. Nichts überwältigt direkter und, wenn es gut ausgeht, positiver.

So wird es zumindest später von Dante aufgenommen, der seine Beatrice angeblich nur zweimal kurz gesehen hat und sich, total überwältigt, unsterblich in sie verliebte. Die Affäre wirkt so hochgespielt, dass man sich nicht sicher sein kann, ob es Beatrice wirklich gegeben hat. Jedenfalls beschreibt Dante in seinem Buch ‚Vita Nova‘ den Traum, den er von ihr hatte in kannibalischer Exzessivität: Sein ‚von Liebe glühendes Herz‘ wird vom ‚Herrn der Liebesqualen‘, der die nackte, schlafende Geliebte in seinen Armen hält, ihr zum Verzehr angeboten – alle stieben schreiend auseinander. Selbst Freuds menschenfressende Sphinx wirkt harmloser als dieser Traum, der ein verdrängt aggressiv ‚Sexuales‘ vermuten lässt. Doch um diesem zu entgehen, schickt Dante Beatrice in die höchsten Himmels-sphären, wo sie sogar in seiner ‚Göttlichen Komödie‘ als völlig entrückte Führerin auftritt. Der schwarze Engel – wie ihn der Literatur Nobelpreisträger Eugenio Montale in seinem Gedicht ‚angelo nero besungen hat – ist jetzt weiß gekleidet.

Angeregt von Dante verfiel auch der Dichter Francesco Petrarca in den gleichen Liebestaumel. Auch er war animiert und überwältigt von der Begegnung mit ‚Laura‘. Die Geschichte erinnert tatsächlich stark an die von Dante und Beatrice, denn Petrarca hat mit Laura nie ein Wort gewechselt und sie wohl nur einmal ganz kurz gesehen. Es hat sich möglicherweise um Laura de Noves gehandelt, eine verheiratete Frau aus Avignon, besseren Kreisen zugehörig, also wieder eine unmögliche, unerfüllbare Leidenschaft. Wahrscheinlich war es wiederum gerade das, was aus ‚Laura‘ eine Göttin und eine unerreichbare Geliebte machte. In seinem ‚Canzoniere’, einem Gedichtzyklus von 366 Gedichten und Sonetten besingt der Dichter sein erotomanisches Bild in gekonnter Lyrik. Man darf aber nicht glauben, dass der Poet unter dieser scheinbar unglücklichen Liebe nur gelitten hätte.

Denn er spielte mit Lauras Namen ein phonologisches Spiel und verfasste eine Lyrik, die genial mit Worten wie laureato (geehrt), l´aurora (Morgenröte), lauro (Lorbeer), aureo (golden), aura (Luftzug, Aura) und Amors ›aurato strale‹ (dem goldenen Pfeil) usw. umgeht. Alles Poetismen, die nicht nur auf die Geliebte, sondern – wie Literaturkenner sagen – auch auf ihn, den Poeten selbst hinweisen sollten. Petrarca war nicht wenig eitel. Die Frau war also wohl Mittel zum Zweck, war vorwiegend exorbitante Muse des Dichters. Laura war das virtuell und symbolisch Erotisierte, das glückliche Papier auf dem er schrieb, der Lorbeerkranz, den er sich schließlich aufs Haupt setzen konnte. Denn im Jahr 1341 wurde Petrarca auf dem Kapitol in Rom zum Dichter (poeta laureata) gekrönt, wobei gute Beziehungen zur Jury eine Rolle gespielt haben sollen. Er war ein Bohemien und gleichzeitig ein Patrizier, einer, der zu leben verstand. Immerhin wurde er siebzig Jahre alt, was damals schon sehr viel war.

Dass Petrarca Lauras Namen mehr liebte als sie selber, ist ein Modell, dass manchmal auch in den Wissenschaften gilt. So liebte Sokrates sein ‚daimonion', den Anderen bzw. dessen Stimme, in sich mehr als alles andere, auf jeden Fall mehr als seine Xanthippe, die fälschlicherweise als die negativste Ehefrau hingestellt wurde, die es gibt. Er war ihr anfänglich sehr zugetan und später lebte er nicht schlecht von ihrer guten Mitgift. Doch eine Frau, die fast nur dichterisch existiert, zur Heroin und in unglücklicher Liebe verehrten Göttin zu machen, war immer schon ein geschickter Trick in der Literatur. Ob sie physisch für ihn arbeitet oder als Projektion scheint egal zu sein.

Auch Goethe lässt seinen Werther gegenüber seiner Angebeteten in schizoid-histrionische Zustände geraten, die ihn schließlich in den Suizid treiben, seinem Autor aber den literarischen Durchbruch ermöglichten. Dass sich viele Nachahmer Werthers fanden, die sich ebenso umbrachten, quittierte Goethe mit einem Achselzucken. Wenn es mit der realen Geliebten – der Frau von Stein – nicht klappte, musste eben eine andere, erfundene, Lichtgestalt her, an der der Goetheliebhaber zerbrechen, aber mit der man auch reüssieren konnte. Noch im hohen Alter inszenierte er die Liebesaffäre zur der fünfzig Jahre jüngeren Ulrike von Levetzow, eine Verbindung, die dem Dichter von vornherein als irreal erscheinen musste. Aber er brauchte sie für die Niederschrift der ‚Marienbader Elegien‘.

Man könnte hunderte dieser ur-amourösen Überwältigungsgeschichten erzählen, und alle haben sie – nicht nur für die Dichtung – einen wertvollen Kern. Eine der diesbezüglich bekanntesten Veröffentlichungen Freuds ist die ‚Bruchstück eine Hysterie-Analyse‘ betitelte Behandlung einer jungen Frau, die Freud aus Datenschutzgründen Dora nannte. Erst vor kurzen veröffentliche K. Adler ein Buch über ihre Urgroßmutter Ida Bauer, die später Ida Adler hieß und die besagte Dora in Freuds Veröffentlichung war.[48] Vereinfacht kann man Folgendes dazu sagen: Freud hatte sehr ausführlich, oft belehrend, Deutungen zu Doras Erzählungen mit Erklärungen aus seiner Sexualtheorie ausgestattet, was fehlerhaft und ungeschickt war. Es gab damals noch keine derart umfassende Therapie der unter dem Begriff hysterische Neurose deklarierten Krankheit. Doch die Ausführungen Freuds sind

---

[48] Adler, K., Ida, Rowohlt (2018)

schlüssig. Dora war verstrickt in ein Beziehungsdrama zwischen ihr, der Mutter, dem Vater, der Geliebten des Vaters und deren Mann, Herrn K. (auch ein Pseudonym).

Dora hasst ihre Mutter, hängt an ihrem Vater, hat eine amouröse Beziehung zu Frau K. und eine gespaltene, ambivalente Beziehung zu deren Mann. Dass hinter der Beziehung zum Vater mehr als nur eine Anhänglichkeit steckt, die Beziehung zu Frau K. einen lesbischen Einschlag hat und die zu Herrn K. in sexuell-theatralischen Verwirrungen endet, deutet Freud mit zunehmend direkteren, suggestiven und belehrenden Ausdrücken, die die Patientin, Dora, nicht immer akzeptiert. Trotzdem erscheint die grundsätzliche Feststellung Freuds, dass die Hysterie bei der Frau hauptsächlich aus einer Identifikation mit dem Männlichen besteht, plausibel. Nur, so direkt kann man das auch niemanden sagen, so direkt hilft es auch nicht.

Sicher hat Freud zu viele, zu eindringliche und zu sachliche Interpretationen eingebracht und so Dora nicht dort abgeholt, wo sie eigentlich stand. Immer weniger schien sie nämlich die Wahrheit annehmen zu können, die Freud aus ihrem Unbewussten herauszuholen versuchte. Der größte Teil seiner Schilderungen aber klingt glaubhaft, auch wenn er einmal dachte, Dora sei in ihn verliebt, die Gefühle also auf sich persönlich bezog, anstatt auf ihn als Objekt der Übertragung (Bedeutungen aus früheren oder anderen Beziehungen werden unbewusst-inadäquat auf den Therapeuten bezogen). Doch genau das Gegenteil versucht nun Ida Adler in ihrem Buch. Den zu vielen, zu

gelehrigen Deutungen Freuds stellt sie eine selbstbewuss-
te Dora gegenüber, die nur zu dumm war, zu solch einem
sexologisch angehauchten Doktor zu gehen.

Dora alias Ida schilderte Freud unter anderem einen
Traum, in dem das Haus brennt, Doras Mutter aber noch
schnell ihr Schmuckkästchen retten will. Der Vater aber
versucht dieses Vorhaben zu vereiteln, „weil er und seine
Kinder doch nicht wegen dieses Kästchens verbrennen
wollen." Freud deutet das Kästchen als das weibliche
Genitale, das weiblich-mütterliche Gefäß, das das Männliche aufnehmen soll, und so zeigt der Traum, dass der
schon in Doras Kindheit entstandener Konflikt der Eltern
auch ihr eigener ist (klassischer Fall eines unbewussten
Spiegel-Echo-Diskurses). Tatsächlich gab es keine Lie-
besbeziehung zwischen den Eltern mehr und Dora spielte
in der Therapie immer wieder mit ihrem Täschchen
(Kästchen). Freuds Deutungen konnten Doras (Idas)
Symptome bessern, dennoch verließ sie vorzeitig die
Therapie.

Die Urenkelin will dies also ganz anders sehen. Sie
meint, Ida habe die Deutungen verständlicherweise abgelehnt und sei eine reife Person auch ohne weitere Therapie geworden. So ganz stimmt diese Version jedoch
nicht. Der Arzt F. Deutsch behandelte Dora, die jetzt
nach Heirat mit dem Komponisten E. Adler, Ida Adler
hieß, mehr als zwanzig Jahre später und meinte, die leide
an einer zunehmenden Paranoia. Sie hielt alle Männer für

geschlechtskrank.[49] Auch kam sie später nochmals zu einer Besprechung zu Freud zurück und bestätigte, dass er ihr geholfen habe. Sie hat sicher von daher, aber auch aus eigenen Impulsen heraus ihre weibliche Identität gefunden, deren Charakter die Urenkelin selbst als unbequem und schräg (wenn auch als emanzipatorisch) beschreibt.[50] Der Fall Dora ist also immer noch nicht ganz gelöst.

Und er wird es nie werden, alle Protagonisten sind schon lange tot. Für was haben sie dann eigentlich gelebt und gelitten? Ich frage mich das ständig, denn der Sinn von allem kann doch nicht in einer universalen Vergesslichkeit bestehen. Zwar existieren heute tausende von psychoanalytischen Ausbildungsinstituten, aber auch sie operieren alle am Rand der Lethe, des Todestriebs, denn sie funktionieren – Freud folgend – so wie es die Kirche, der Staat oder das Militär tun: administrativ, schulmeisterlich, undurchschaubar hierarchisch, wie es Freud auch voraussah. Ganz oben sitzt der Weltverband der Psychoanalytiker, die internationale psychoanalytische Vereinigung (IPA), die abgehobener nicht sein könnte.[51]

Alles in der analytischen Psychotherapie ist reglementiert, jede Behandlung muss schon vorab einem Gutachter

---

[49] Das kann man auch im übertragenen Sinne verstehen, nämlich nicht als venerisch krank, sondern als sexualtrieb-krank.
[50] Spiegel online vom 30. 7. 2018
[51] Freud, S., Die Zukunft einer Illusion und Das Unbehagen in der Kultur, womit Freud ganz speziell auch die eigene Psychoanalytikerkultur meinte, die zum Klüngelverein degradierte.

dargestellt werden, obwohl man ja die Darstellung einer Behandlung, wie auch im Fall Dora zu sehen, erst am Ende der Therapie abgeben kann. Ich habe selbst erlebt, wie Gutachter meine Schilderung gar nicht gelesen haben, sie haben es abgenickt wie Politiker Gesetze abnicken, die sie gar nicht verstehen. Was soll das alles? Ich lese gerade ein eben erschienenes Buch des Philosophen und Wissenschaftsjournalisten J. Holt,[52] worin ein Überblick über den Höchststand in Physik, Geometrie, Neurowissenschaften, Informatik und vor allem Mathematik gegeben wird.

Man erfährt, dass der bekannte Mathematiker Kurt Gödel, der zusammen mit Einstein in Princeton arbeitete und der psychisch schwer angeschlagen war, den Unvollständigkeits- bzw. Unentscheidbarkeits-Satz aufstellte: jedes logisch-mathematische System kommt an die Grenze einer Aussageunfähigkeit und muss somit in Frage gestellt werden. Andererseits glaubte er aber, „dass mathematische Abstraktionen genauso real seien wie Tische oder Stühle. Klingt witzig, genauso wie der Satz des Physikers J. A. Wheeler im Kapitel über das Wesen der Zeit: ‚Zeit ist der Weg der Natur, um zu verhindern, dass alles gleichzeitig passiert.' Holt lässt alle großen Mathematiker und ihre Probleme einschließlich der immer noch nicht gelösten Riemannschen Vermutung Revue passieren.[53]

---

[52] Holt, J., Als Einstein und Gödel spazieren gingen, Ausflüge an den Rand des Denkens, Rowohlt (2020)
[53] In der Riemannschen Vermutung geht es darum, wie man das Wesen der Primzahlen auf einen Nenner bringen kann.

Doch was fangen wir damit an? Es verhält sich wie mit arm und reich, die gleichen großartigen Wissenschaftler bleiben wie die Reichen unter sich, doch „wer das Brot der Wahrheit unter seinesgleichen bricht, teilt die Lüge aus", sinnierte Lacan. Und so bildet die hochinteressante Stringtheorie eine Gemeinde von Sekten-Physikern aus, „wo schon lange unbewiesene Vermutungen für wahr erachtet werden, weil kein ‚vernünftiger' Mensch – das heißt kein Mitglied der Sekte – sie in Zweifel zieht", schreibt Holt. Ja sollen das unsere Vorbilder sein? In der *Analytischen Psychokatharsis* ist jeder gleichgestellt und wird den gleichberechtigten Wissenschaftlerstatus haben, weil er die Überwältigung „am Rand des Denkens" als Einzelner selbst erfahren wird und auf andere nicht angewiesen sein wird.

Schluss mit der Überwältigung durch eine Intelligentia, die Wissen um Wissen anhäuft ohne das Subjekt Mensch mit einzubeziehen. Eine wissenschaftlich begründete Selbstüberwältigung ist allemal besser. Ich habe an anderer Stelle schon darauf hingewiesen, dass heute der Buchmarkt von Wissenschaftsphilosophen wie D. C. Dennet, A. R. Damasio, S. Pinker, R. D. Precht, R. Dawkins und hundert andere überschwemmt wird mit ausgesprochen intelligenten Argumenten, aber sie passen nicht zusammen, sie führen zu keiner Wirkung für den Einzelnen, der nur erstaunt zurückbleibt, so wie es eben Dora ein bisschen auch bei Freud ergangen ist. Dabei hat der Arzt und Psychotherapeut Freud den Menschen etwas mitgegeben, das jeder Einzelne von ihnen selbst weiter entwickeln konnte (nicht nur Ärzte, auch Laien sollten die Psychoanalyse ausüben im Gegensatz zur Meinung der IPV).

S. Pinker spricht zum Beispiel von der Computertheorie des Geistes, was nicht heißen soll, „das Gehirn gleiche einem Computer . . sondern. . . Gehirn und Computer haben intelligente Eigenschaften, und das teilweise aus gleichen Gründen" (also sind sie doch gleich!). [54] Wir denken in Bit und Bytes, in einer Art von Programmier-sprache, *Zeichen*-Sprache, die Pinker „mentalesisch" nennt, und die so ähnlich funktioniert wie Algorithmen. Doch der Geist-Intelligenz-Begriff bei Pinker und ande-ren Kognition Kognitionswissenschaftlern ist sehr sim-pel gefasst.[55,]

Für Pinker sind Überzeugungen und Wünsche nämlich Informationen, die die Gestalt von Symbolen haben, und die sind wiederum physikalische Zustände. „Symbole, die einer Überzeugung entsprechen, können neue Sym-bole entstehen lassen, die einer anderen, *logisch* mit der ersten verknüpften Überzeugung entsprechen." Logisch?[,] Die Sache ist überhaupt nicht logisch. Man benötigt hier einen besseren Intelligenz-Begriff, denn das Wort *lo-gisch* bedeutet bei Pinker nur so viel wie Repräsentatio-

---

[54] Pinker, S., Wie das Denken im Kopf entsteht, Kindler (1998) S. 38-40
[55] Münch, D., in Gold, P., Engel, AKK., Der Mensch in der Per-spektive der Kognitionswissenschaften, Suhrkamp (1998) S.17-48, worin der Autor die Kognition, also das intelligente Erken-nen und Verarbeiten auf zwei Grundintentionen, nämlich „Wünschen" und „Meinen" zurückführt.

nen oder Inschriften, die in der sogenannten „Denksprache", dem Mentalesischen, verfasst sind, die also nichts
anderes als eine Kürzelsprache ist. Was fehlt, ist das
Wort „*logisch*" in seiner eigentlichen und viel umfassen-
deren Bedeutung,[56] die zudem noch eine Praxis aufweist.
so wie sie von Lacan mit dem Begriff des Signifikanten
treffend erneuert worden ist. Die Signifikanten sind nicht
objektive *Zeichen*, die präzise sind, sondern „*Zeichen
des Subjekts*", *Zeichen* v o n jemand, *Subjekt-Zeichen*.

Wie diese Signifikanten sich kombinieren, darin liegt
das ganze Rätsel unserer Gefühle, unserer Schaltvorgänge, unseres Denkens, unseres *Gehirns*, unserer *Bild-* und
Wort-Wirkenden Kräfte (Wahrnehmungstriebe und
Sprechtrieb). J. Rubner hat daher unter der Überschrift
„Volksverblödung auf höherer Stufe" in einem Artikel
der Süddeutschen Zeitung[57] diese Pop-Intellektuellen
wie ich sie gerade oben aufgeführt habe, kritisiert, die
mit einem ausgefeilten Begriffsinstrumentarium aus
Linguistik, Neurowissenschaften, Informatik etc. phanta-
sievolle, aber unhaltbare Thesen aufstellen, medienwirk-
sam unter die Leute bringen, und so unser Verständnis
vom Fühlen und Denken, Wissenschaft und Glauben nur
noch mehr verwirren.

Dabei sind nicht alle Grundthesen dieser Pop-
Intellektuellen falsch. Auf einer rein kombinatorischen

---

[56] Aristoteles, Rhetorica, 1404 b 2f, herausgegeben von I. Bek-
ker, Darmstadt (1960), wo dem λογος das δηλουν, das Offen-
barmachen zugewiesen wird.
[57] Rubner, J., SZ vom 5/6.12.98 S. III

Verarbeitungsebene arbeitet der Gehirn-Geist tatsächlich so, wie Pinker angibt. Aber seine weitreichenden Schlussfolgerungen auf das Denken als solches und auf menschliche Beziehungen etc. sind gefährlich. Ein Beispiel aus Pinkers Darstellungen: Eine Frau flüchtet vor der durch Module im Gehirn verarbeiteten Wahrnehmung „Brennendes Gebäude" mit der abstrakten Repräsentation „Fliehe vor Gefahr", wobei alle möglichen Kürzelkombinationen der „Denksprache" dieses Gehirn-Geist-Computers beteiligt sind. Aber wie ist es dann mit der Frau, die das Gebäude selbst angezündet hat, weil sie sich an ihrem Ehemann rächen will?

Wie erkennt der Denksprachen-Computer, dass eine Umkehrung aller Werte stattgefunden hat, wie Nietzsche das nannte. Wie kann er Gefahr von der Nicht-Gefahr auseinanderhalten, wenn beide das gleiche sind, weil sie den gleichen Algorithmus haben? „Gefühle sind ausgeklügelte Softwaremodule" – sagt Pinker, und warum soll das nicht oft so sein, dass wir häufig einfach wie eine blöde Maschine funktionieren und fühlen – aber könnten sie nicht auch Folge eines unbewussten Begehrens sein, eines verdrehten Todesgedankens, einer verdrängten Liebe, oder gar nur einer anderen Kombination von Signifikanten sein, die die wirklichen Bedeutungen ausmachen? „Alle diese mentalen Systeme, die sich auf eine Natur oder ein als abgeschlossen unterstelltes, komplexes *Zeichen*-Schema gründen, enthalten eine Art von Debilität, von Schwachsinn".[58]

---

[58] Lacan, J., R.S.I, Seminar Nr. XXII, Lacan-Archiv (1998) S. 7

Zu einer ähnlichen Auffassung kommt auch der Wissenschaftsjournalist B. Müller im Rahmen einer Rezension
dreier neuer Bücher der bekanntesten neuropsychologi-
schen Bewusstseinsforscher (G. Roth:Über den Menschen, W. Prinz: Bewusstsein erklären und A. Damasio:
Wie wir denken, wie wir fühlen).[59] Müller konstatiert,
dass alle drei Forscher scheitern, weil sich die Lücke
zwischen Neurobiologie und psychologischen Verhal-
tensweisen nicht mit einem einheitlichen Begriffsinstrumentarium schließen lässt. Sie würden letztlich alle den
Fehler machen, der schon Descartes mit seinem ‚Ich
denke, also bin ich‘ unterlaufen ist. Denn wenn das Ich
schon beim Denken da ist, kann und braucht es nicht
durch ein ‚also bin ich‘ bewiesen werden. Das Problem
kann nur durch eine Wissenschaft v o m Subjekt gelöst
werden, also vom Heraufholen des Wissens aus dem
Unbewussten jedes Einzelnen, mit dem die Psychoanalyse zwar arbeitet, es aber wegen der Vielzahl der Probanden und dem Aufwand des Verfahrens die Vollendung
nicht erreichen kann. In der *Analytischen Psychokatharsis* kann es der Einzelne alleine schaffen, einen Therapeuten braucht er vielleicht, und auch das nur gelegent-
lich.

---

[59] Müller, B., Lästige Lücke, SZ vom 21. 9. 2021, S. 12

8. Analytische Psychokatharsis

Da ich in vielen Büchern, Vorträgen und auch hier das Verfahren der *Analytischen Psychokatharsis* vorgestellt habe, das eine derartige Methode zum Erreichen der ‚logischen Selbststruktur darstellt, wiederhole ich nun hier nur die Grundgedanken. Wer die Methode kennt, kann dieses Kapitel gerne überschlagen. Die neun Seiten dieses Kapitels sind meinem Buch ‚Psycho.net‘ entnommen, denn sie stellen eine gute Zusammenfassung des der Psychoanalyse entnommenen und mit der Meditation verbundenen Verfahrens dar. Außerdem wird im Anhang nochmals eine Kurzbeschreibung der Praxis angeboten.

Die in der Abbildung nebenan gezeigte im Kreis geschriebene Formulierung verbildlicht ein sogenanntes *Formel-Wort*, aber es versprachlicht auch in komprimiertester Form das zentrale Element 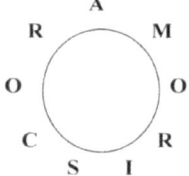 des Verfahrens der *Analytischen Psychokatharsis*. Wie schon eingangs erwähnt, könnte man es auch mit Lacan als ‚linguistischen Kristall‘ bezeichnen, der so vereinfacht das Unbewusste charakterisiert, indem hier das kristalline (also gestaltlose) *Strahlt* und das linguistische (also sprachwissenschaftlich erklärte) *Spricht* zusammengestellt und vereint sind.

Das in der Abbildung auf der nächsten Seite mit einem *Formel-Wort* beschriftete Möbiusband verdoppelt nochmals diese zusammengestellte Gegebenheit. Es handelt sich beim Möbiusband um ein um 180 Grad verdreht zusammengeklebtes Band, das somit nur eine Fläche, aber dennoch jeweils Vor- und Rückseite hat. Damit wird dem Bildlichen besonders Raum gegeben, denn die

Welt ist nicht einseitig abbildbar. Sie ist – wie wir aus der Einstein'schen Geometrie wissen – verdreht, verknautscht und bis zur Einrollung und Überdrehung hin strukturiert. Damit ist die ‚logische Selbststruktur' in der f o r m a l s t möglichen Form dargestellt. Selbststruktur heißt ja, dass man mit Hilfe des rein Formalen nunmehr ‚Selbst' als Einzelner, die Struktur logisch ausfüllen kann.

So ergibt das in den vorseitigen Abbildungen im Kreis geschriebene *Formel-Wort* von jeweils anderen Buchstaben aus gelesen andere Bedeutungen. Angefangen beim C kann man zum Beispiel *cora moris* lesen, das heißt: die Pupille des Aufenthalts, aber auch von *mos, moris* die Pupille der Moral. Vom A aus gelesen heißt es: *amoris cor*, das Herz der Liebe, aber auch Herz, du wirst angeregt. Weiterhin vom R aus: *ramo risco*, mit dem Zweig, mit dem Koffer. Sodann *coram oris*, gegenwärtig brennst du, *cor amor is*, das Herz, die Liebe, du reist, *oris coram*, in Gegenwart des Knochens, und noch andere Bedeutungen mehr, von denen einige auch skurril klingen. Doch darauf kommt es nicht an. Sie sind nur strukturell wichtig.

Bedeutsam ist, dass es sich um Sprachliches handelt, das nichts sagt, weil es ‚überdeterminiert' ist.[60] Aus diesem einzigen Schriftzug, egal ob man ihn jetzt als *cor-amoris* oder *ris-cor-amo* schreibt, kann also der Lateiner so viele Bedeutungen herauslesen, dass er nicht mehr weiß, von was die Rede ist. Doch der das Verfahren der *Analytischen Psychokatharsis* Übende, der Meditierende, soll ja auch nichts schon Vorgewusstes verwenden, das Wissen liegt in ihm, in seinem Unbewussten, schon parat und soll so unmittelbar geweckt werden.[61] Damit ist das *Formel-Wort* zwar linguistisch klar aus verschiedenen, zueinander ganz disparaten Kurzsätzen, Phrasen, gebildet, vermag aber auf Grund der Überdeterminierung von Bedeutungen keinen Sinn zu ergeben. So etwas ist für eine Meditation notwendig, sollen die Kurzsätze, Phrasen, Mantren etc. nicht schon durch eine bewusste Festlegung z. B. durch mythischen, religiösen, Zen buddhistischen oder anders gearteten Hintergrund und deren Sinnbildung vorgeformt sein.

Für eine wissenschaftlich begründete Meditation kann es nur einen derartigen Weg geben, der keinen fertigen, bewussten Sinn hat, sondern einen noch unbewussten Sinn, der durch den gleichen Prozess wie in der Psychoanalyse provoziert, durchgearbeitet, gedeutet und bewusst gemacht wird. Wiederholt man nämlich rein gedanklich,

---

[60] Überdeterminierung ist ein Begriff Freuds für die mehrfach überlappende Bedeutungsgestaltung im Traum.
[61] Ich erinnere an Freuds Ausspruch, dass das Unbewusste nicht denkt, urteilt, kalkuliert, aber weiß!

mental, einige *Formel-Worte* hintereinander, werden im Unbewussten Bedeutungen provoziert, aufgerufen, und nun gedanklich bewusst erfahren. In dieser nunmehr ins Meditative umgewichteten Form ist er auch bisher noch nie formuliert wurde. Damit setzt sich die *Analytische Psychokatharsis* von allen anderen kontemplativen, meditativen, mystischen oder nur halbwissenschaftlichen Verfahren deutlich ab.

Aus den sechs oder sieben Bedeutungen, die ich angegeben habe, lässt sich rein b e w u s s t keine letztliche Bedeutung, kein letztlicher Sinn konstruieren (unabhängig davon, dass einige Bedeutungen etwas unsinnig erscheinen).[62] Und so besteht der einzige Sinn darin, das Unbewusste zur Wirkung zu bringen, indem es aus dem Unbewussten eines jeden Einzelnen – massiv angebahnt durch die Katharsis des *Strahlt* – einen Sinn herauspresst. Das *Strahlt* fördert die Gewissheit, Sicherheit, das Finite. Keine Lehre, keine Vorschriften, keine Philosophie oder ‚transzendente Instanz' ist notwendig.[63] Keine generelle

---

[62] Dass sie unsinnig erscheinen ist speziell in der Psychoanalyse sogar gefragt, denn hier wird dem Unsinn des Traums große Bedeutung beigemessen..

[63] Die transzendente Instanz war das Ergebnis einer langen Abhandlung des Kulturwissenschaftlers S. Weidner mit dem Versuch, die zwei gerade benannten Größen in Form kulturell-politischer Auseinandersetzung zwischen Ost und West zu begreifen, um so einen Weg zu finden, wie die beiden konkret zusammengeführt werden könnten. So kann man davon ausgehen, dass der Westen mehr für die lexikalische, symbolische Seite des Narrativs steht, der Osten mehr für die bildhaft, ima-

# 110

Wahrheit wird zutage kommen, helfen können nur die *Pass-Worte* des Betreffenden, der die Methode anwendet. Wenn diese ihm jedoch umfangreichere Wahrheiten vermitteln, wird er auch in seinem Umfeld etwas damit anfangen können. Weiteres will ich zu dem Verfahren der *Analytischen Psychokatharsis* nicht sagen, sondern will lieber etwas zu seinen Effekten und Ergebnissen beitragen. Wie gesagt sind genügend Veröffentlichungen dazu in Büchern, aber auch im Internet unter >analytic-psychocatharsis.com< nachzulesen. Zudem verweise ich nochmals auf die weitere Kurzbeschreibung im Anhang.

Wenn man nunmehr in bequemer Sitzhaltung und anfänglich mit geschlossenen Augen in einer **ersten Übung** des Verfahrens etwa vier bis fünf *Formel-Worte* langsam gedanklich wiederholt, zieht man sich vom Körperbewusstsein zurück und erreicht das, was man ein Körperbild, also ein ‚Distanzbild‘, eine dennoch wahrnehmbare Abstraktion, eine Gegenüberdarstellung des eigenen Psychoorganismus, nennt. Wie erwähnt unterschied die Psychoanalytikerin F. Dolto drei Arten des Körperbildes, das basale, das dynamische und das erotische. Das basale kann man gut dem *Strahlt* zuordnen, das dynamische dem *Spricht*, und das erotische beiden zu gleichen Teilen. Während der Psychoanalytiker den Eros zur Interpretation nutzt, wird er in der *Analytischen Psychokatharsis* direkt in seinen Teilen erfahren. So ist er ja auch von

---

ginäre. Doch sein Ergebnis hilft niemanden weiter. Man kann es nicht einzeln und persönlich einüben.

Freud in seinen Teil-Trieben konzipiert worden (als Schau- und Sprechtrieb).

Mit anderen Worten, in dieser ersten Übung erscheint die Gegenüberdarstellung in dem, was man immer schon als Befreiung, Katharsis, Genießen, Ekstase etc. verstanden hat, was aber nun durch das ständige Wiederholen der *Formel-Worte* einen Halt, eine imaginär-symbolisch kombinierte Ordnung, eine Bildlogik, ,psychoanalytische Ästhetik' (Leikert), ein visionsartiges Element der Erkenntnis, ein gesichertes ,Oszillieren' des *Strahlt* bekommt. Fällt dieses ,Oszillieren' körperlich spürbar aus, nenne ich es auch ein ,Durchrieseln', das wohl jeder Mensch schon einmal erfahren hat. Es kommt oft bei einem emotional stark bewegenden Musikstück zustande, wenn es einem den Rücken herunterrieselt.

Es hat auch Beziehung zu Lacans ,Ding', das andere Psychoanalytiker das ,gute, konstante seelische Objekt' nennen. Es kann wie eine halbdurchlässige Wand erscheinen, die – psychoanalytisch gesehen – wie eine Reminiszenz der frühen Mutterimago verstanden sein, aber auch nichts anderes als eine Topologie intuitiv spürbar erfasst werden kann. Es sieht dann so aus, als würden die wiederholten *Formel-Worte* etwas, was sie provozieren, mehr bildhaft, gefühlt, auf diese Wand projizieren. Während das ,Ding' mehr dem *Strahlt* zugehört, hat freie Assoziation und Deutung in der Psychoanalyse seinen Platz beim *Spricht*.

Zuerst einmal bleibt es in der ersten Übung der *Analytischen Psychokatharsis* bei der befreienden Katharsis, wie sie bei glücklichen Ereignissen oder auch in einer Hypnose auftritt. Dort ist man bekanntlich von der Stimme des Therapeuten abhängig, weshalb Freud die Hypnose verließ und den Patienten ‚frei assoziieren' ließ. In der *Analytischen Psychokatharsis* jedoch ist man vom eigenen symbolisch/imaginär strukturierten Unbewussten abhängig und kann die Autochthonie desselben genießen und bei der Erfahrung des *Strahlt* verweilen. Es bleibt aber nicht dabei und darf auch nicht dabei bleiben, denn so sehr ich die Optik des *Strahlt* als gesichertes und visionsartiges Element bezeichnet habe, könnte die Einseitigkeit, also die einseitige Betonung auf der imaginären, bildhaften Seite zu einer Überschwemmung aus dem Unbewussten führen, z. B. zu Halluzinationen.

Wird das Erfahren dieser halbdurchlässigen Membran, Wand, körperlichen *Strahlt*-Bildes nach längerem Üben intensiver, fängt jedoch oft schon von sich aus die Wand an Elemente der anderen Seite, der symbolischen Seite, des dynamischen Körperbildes, ins Spiel zu bringen. Jetzt fangen die B(r)uchstaben auf der Wand fast schon zu tanzen an, denn der kathartische Druck auf die „défilés du signifiant" presst sie heraus. Es kommt zum Wahrnehmen der schon erörterten Echos im Körper, des inneren ‚Lautes' und der gedanklich oder hörbar erfahrenen Phrasen, Worten, Kurzsätzen, was Inhalt einer zweiten Übung des Verfahrens ist.

Ich möchte an Versuche von Klangakustikern im schalldichten Raum verweisen, wo Laute, Töne. Klänge zu hören waren, wenn man nur eine bestimmte Zeit darin verweilt, und auch an die Statements der Psychoanalytikerin Birkstedt-Breen, die von den Widerhalleffekten sprach, die das Kleinkind schon in den frühesten Wochen in Bezug auf das erwähnte Reverie-Geplapper der Mutter macht. Gefördert wird diese Erfahrung nicht nur durch das intensivere Spüren, kathartisch werden bei der ersten Übung, sondern auch dadurch, dass man sie durch ein nach Innen-Hören in einer eigenen, zweiten Übung verstärkt. Hierbei muss eventuell anfänglich nur der ‚Laut‘ zu hören sein, zu einem Es *Spricht* entwickelt sich diese Übung dann von selbst. Beide Seiten, Imaginäres (*Strahlt*) und Symbolisches (*Spricht*) sollen ja eng kombiniert werden, und so ist es notwendig, zuerst getrennte Übungen zu machen, indem diese bei längerem Üben und gesammelter Erfahrung dann in zu so etwas wie einer sprechenden Wand, einem sprechenden Körperbild, einer einheitlichen Verbindung und Kombination der Grundprinzipien werden.

Für das Beispiel mit der Wand oder einer Membran, einem Spiegel oder einer ein- und ausrollbaren topologischen Figur, als der Kombination aus *Strahlt* und *Spricht,* hat es viele Verwirklichungen in Kunst, Literatur und Psychoanalyse gegeben. In Marlen Haushofers Buch ‚Die Wand‘ erfährt eine wohl autistische junge Frau das Leben in einem kleinen Landhaus als abgesperrt durch eine unsichtbare, aber unüberwindbare Wand. Doch sie lebt, während außerhalb der Wand alles tot erscheint. Sie findet sich jedoch mit einigen ihr zugelaufenen Tieren zurecht. Doch eines Tages kommt ein Jäger, der sogleich ihren Hund und ein Kalb erschießt, worauf die junge

Protagonistin ihr Gewehr holt und ohne zu zögern den Mann tötet. Die Geschichte geht nicht untröstlich aus, weil die junge Frau sich weiterhin in ihrer Eingesponnenheit optimistisch einrichtet. Der Mann-Frau Konflikt wird sichtbar, aber auch, dass die Welt tödlich ist und Rückzug in sich selbst eine unentscheidbare Lösung darstellt. Es hat also deutlich daran gefehlt, dass die Wand hätte sprechen können und dass sie luzide geleuchtet hätte und dass das *Strahlt / Spricht* gelungen, konstruktiv und reifefördernd kombiniert gewesen wären, wie es in der *Analytischen Psychokatharsis* der Fall ist.

Auf das umgekehrtes Beispiel der sprechenden Wand habe ich bei Lacans Rede des ,Je parle aux les murs' schon hingewiesen. Es sei wesentlich, dass die Zuhörer den Schall, der von den Wänden, zu denen er sich wendet, und die noch dazu die schönen, historischen, religiös-kultischen Wände der Kapelle von Saint-Anne waren, widerhallend wahrnehmen und begreifen würden. Denn man kann im direkten Gespräch viel verstehen, hat es aber nicht begriffen. Begreifen funktioniert nur um zwei Ecken herum, von denen die eine die ist, was man alles gehört und gelesen hat, die andere die, die man – z. B. mittels der *Analytischen Psychokatharsis* – aus sich selbst als der zweiten Ecke heraus hört, versteht und begreift. Das Spiel- und Widerhallphänomen der Wand von Saint-Anne betont die kathartische, aber auch linguistische Seite des erfahrenden (*Strahlt*) Verstehens (*Spricht*).

Die bekannteste Wand-Metapher ist aber wohl die des Königs babylonischen Belsazar aus dem Alten Testament. Als er prahlend und betrunken die heidnischen Götter preist, erscheint plötzlich eine geisterhaft leuchtende Hand, die an die Wand die Worte ‚Mene Tekel Phares‘ schreibt. Niemand kann die Schrift deuten, nur Daniel, der junge jüdische Traumdeuter, kann sie lesen und nach seiner Aussage bedeutet sie: „*Mene*: „gezählt" (die Tage der Königsherrschaft), *Tekel*: „gewogen", (gewogen und für zu leicht befunden) *Phares*: den „Persern" (wird dein Königreich gegeben). Daniel wird darauf reich beschenkt, doch dem König Belsazar nützt dies nichts mehr. Er wird noch in derselben Nacht umgebracht. Die Wände, die sprechen und noch dazu geisterhaft leuchten, waren also immer schon der beste Hinweis auf die logische (*Spricht*) Selbststruktur (*Strahlt*), denn es war ja schließlich nach heutiger psychologischer Auffassung Belsazar selber, der in einer schizoiden und depressiven Verfassung mit zusätzlich alkoholischer Wirkung sein Todesurteil gefällt hat.

Das Beispiel Belsazars führt gleich zu dem, was in der **zweiten Übung** passiert. Wenn nach etwa zwanzig Minuten der ersten Übung eine deutliche Entspannung und Katharsis auftritt, gleitet man zur zweiten Übung, indem man sich nun auf den inneren ‚Ton‘, ‚Laut‘ oben im Kopf konzentriert. Es sind schließlich Buchstaben, die aus diesem ‚typographischen‘ Raum herausklingen werden und die das Unbewusste dort in seiner logischen Struktur gespeichert hält. Anfänglich kann nur ein feines Rauschen, ein ferner Laut oder Ähnliches wahrgenommen werden können, der Übende wird jedoch von Anfang an bemerken, dass es sich hier um eine Konzentration auf ein mehr oben-rechts oder oben-zentral im Kopf befindliches Hör-Sprechsystem handelt, zu dem die Echos des Körpers Beziehung haben, auf die hier zurückgegriffen wird.[64] Später werden auch die von Lacan als typisch herausgestellten „ultrareduzierten Phrasen" oder Kurssätze zu ‚hören' sein, die ich wegen ihrer aus der unbewussten Identität *Pass-Worte* nenne.

Ein Beispiel mag dies sofort erhellen. Jemand der unbewusst einen Widerstand gegen die *Analytische Psychokatharsis* hatte – was übrigens wie in der Psychoanalyse nicht selten ist – aber bereits einige Zeit damit arbeitete, vernahm plötzlich wie aus der Tiefe oder wie von fern herkommend den „ultrareduzierten Satz": „Entgegen den Landesgesetzen arbeiten". Natürlich wusste er gleich, dass es nicht um die Gesetze seines Bundeslandes oder gar des Staates ging. Es ging vielmehr nur um eine Metapher, die der Betreffende selbst – etwas schuldbewusst – so deutete: „Gegen die Gesetze der *Analytischen Psychokatharsis* arbeiten". Er wollte die Meditation zwar machen, monierte aber, dass mein Verfahren noch nicht so allgemein und offiziell bekannter Natur gewesen sei.

Das Ganze sollte einen modernen Anstrich haben, und so hätte ihm die Wissenschaftlichkeit der *Analytischen Psychokatharsis* sehr gepasst, sagte er, aber das mit den *Formel-Worten* sei ihm nicht ganz geheuer. Es spiegelt sich hier der in der Psychoanalyse bekannte Widerstand

---

[64] Auch wenn das eigentliche Hör-Sprechsystem im Kopf linksseitig angelegt ist, ist eben rechtsseitig das mehr rudimentäre, musikalische und der Regression besser zugängliche Hör-Sprechsystem vorhanden.

gegen die Aufdeckung des Verdrängten deutlich in dieser, seiner Einstellung gegen die *Formel-Worte* wieder, ein Phänomen, das ich des Öfteren erlebt habe. Doch der eigentliche Grund war ein anderer. Der Proband hatte nämlich auch gleichzeitig an Vipassana-Meditationen teilgenommen, und jetzt kam alles ein bisschen durcheinander: Wissenschaft, asiatischer Mythos, Meditation, psychoanalytischer Hintergrund, Zen-Buddhismus, etc.

Schließlich war er aber dann doch beeindruckt, von der linguistisch ausgefeilten Methode der *Analytischen Psychokatharsis* und gab die Vipassana Übungen auf. Bei diesen fanden sich nämlich auch besonders empfindungsorientierte Übungen wie man sie aus jeder Art von Mystik bekannt sind wie etwa Einheitserlebnisse, die man jedoch auf die Natur Buddhas zurückführen musste, und dieser Hintergrund passte ihm eben auch nicht. Es leuchtete ihm ein, dass man nicht zwei Verfahren, auch wenn sie manche Ähnlichkeiten haben, nebeneinander her praktizieren kann. Zwei Herren gleichzeitig zu dienen ist ‚entgegen den Landesgesetzen', so deutete er selbst das erfahrene *Pass-Wort*, doch nach der Erfahrung dieses *Pass-Wortes* und seiner Entscheidung zur *Analytischen Psychokatharsis* war er beruhigt.

Denn er bestätigte auch, dass dieses Wahrnehmen einer solchen „ultrareduzierten Phrase" aus dem eigenen Inneren viel eindrucksvoller ist, als wenn einem der Meditationslehrer äußerliche Erfolge bestätigt. Selbst wenn man wirklich Fortschritte in einem der üblichen Meditationsverfahren macht, ist die innerlich Verlautung, Mahnung,

Bestätigung durch unbewusste eigene Gedanken effekt-
voller. Jetzt fehlt nur noch, dass man mit den Übungen
zur Belebung der ‚logischen Selbststruktur‘ auch konkret
in der Praxis beginnt. Ich sehe nur die eine Möglichkeit
all dem auszukommen, die wahrscheinlich immer schon
die beste war, aber wohl kaum genutzt wurde: nämlich
zuerst, ganz anfänglich, als Einzelner allein, als Einzelner
bei sich selbst und seinem Unbewussten anzufangen.
Doch zigtausende in Psychoanalyse zu schicken ist ein
Ding der Unmöglichkeit, die *Analytische Psychokatharsis* kann man jedoch zu Hause üben, sie ist aus den in
meinen Büchern (und auch in diesem Buch) veröffent-
lichten Angaben erlernbar. Ein Therapeut oder jemand,
der schon länger Erfahrungen damit hat, kann gelegent-
lich als Hilfe sinnvoll sein. Aber nötig ist es nicht, denn
die Übungen sind äußerst einfach und über die notwendi-
ge Theorie kann man sich belesen.

Ich plädiere daher für die ‚logische Selbststruktur‘ als
Wende- und Ziel-Punkt der psychoanalytischen wie auch
meiner analytisch-meditativen Bemühungen. Um die rein
‚logische Struktur‘ handelt es sich freilich speziell in der
Mathematik, in der Topologie und eben in Lacans Psychoanalyse, und nicht umsonst betont ja Lacan das Mathematische als das Reale, das dem sonst so unrealen
Menschen, der nur im Imaginären und Symbolischen
steckt, Gegensatz und Widerspruch ist. Aber sind nicht
die Mathematiker nicht noch viel abstrakter, lebensfrem-
der, zwischenmenschlich untauglicher als es die Theologen sind, die sich ja auch auf ein Jenseits berufen müssen, das keiner kennt. In ihren Begründern haben die

Theologen dann jedoch nur menschliche Figuren herausgehoben, an denen man sich orientieren und messen kann.

Denn für das digitale, immer mehr durch künstliche Intelligenz bestimmte und von queeren Autorinnen und Autoren vereinnahmte 21. Jahrhundert taugen sie alle nicht so gut. In seinem Buch Idiocracy vom Denken und Handeln im Zeitalter des Idioten', schreibt der Philosoph und Kulturtheoretiker *Z*. Terzić in ernsthafter Manier, wie sehr auf diese oder jene Weise alle Idioten sind.[65] Bei Terzić geht es um den Totalitarismus und gegensätzliche Strömungen, die alle in Idiokratie münden, der Herrschaft des Idiotentums. Der im alten Griechenland ‚idiotes' genannte Privatmann, lebte in weitgehender Zurückgezogenheit und beschäftigte sich – vielleicht manchmal etwas versponnen – mit den Problemen des Lebens im Allgemeinen. Er ist eigentlich nur ein schwaches Vorbild für die Idioten, die wir – so verstehe ich Terzićs Buch – heute ohnehin alle selber sind. Schon diejenigen, die den ins Private Zurückgezogenen einen Idioten nannten, sind ja selbst nicht ganz dicht. Vieles hört sich bei Terzić nach Ostfriesenwitzen an, die ein Seil über die Badewanne spannen, um nicht zu weit hinaus zu schwimmen. Oder danach, was eine Blondine macht, wenn es brennt? Sie drückt die Löschtaste.

Der Hauptwitz dabei: diejenigen, die dauernd solche Witze erzählen, entlarven sich nicht nur als Chauvinisten

---

[65] *Terzić, Z.*, Idiocracy, *Diaphanes* (2020)

(wir sind intelligente Festlanddeutsche und nicht dumme Ostfriesen) oder impotente Sexisten (Angeber, die den blonden Frauen nämlich nicht gewachsen sind). Sie sind also selbst die Idioten, weil sie nur als Witzerzähler reüssieren können. Und so geht es in diesem Buch um hunderte von Beispielen, wie ein Idiot den anderen hervorruft, um damit seine eigene Idiotie zu manifestieren. So steht der glückliche Dumme dem planlos Gescheiten, der Fachidiot dem Stammtischklugen, der narzisstische König dem Hofnarren gegenüber (als Letzterer beim Gewitter unter den Regenschirm des Königs schlüpfte, sagte dieser: einen Idioten mag ich nicht so nah an meiner Seite. Darauf der Hofnarr: ich aber schon). Alle Beispiele sind originell, aber nach dreihundertfünfzig originellen Seiten ist man selber blöd, oder bin es nur ich?

Terzic stellt die Idiokratie als ‚Krise der Beziehung von Allgemeinem und Besonderem‘ dar. „Es falle Menschen immer schwerer, die großen Weltentwicklungen zu erkennen, weil sie sich von der unmittelbaren, persönlich-besonderen Ebene blenden ließen. In diesem Sinne ist Idiokratie für Terzic weniger der Verfall des intellektuellen Lebens als die schwindende Kraft jeder empirischen Kontextualität. Der mächtige Idiot beispielsweise braucht sie nicht mehr. Ihm ist egal, ob machtlose Fachidioten ihm als Replik auf seine Lügen gegenteilige Beweise vorhalten. Zurück bleibt ein demokratisches Dilemma: „Es ist ebenso von Vorteil, dass jeder Trottel Regierungschef werden kann, wie es von Nachteil ist, dass dann tatsächlich ein Trottel Regierungschef wird."[66]

Ähnlich wird in dem neuen Buch des Philosophen und Essayisten Jim Holt das Pro und Kontra der Wissenschaften gezeigt, unter denen es Leute gibt, die sich seit Jahren fragen, warum im Spiegel rechts und links vertauscht erscheinen, aber nicht oben und unten. Auf diese idiotische Frage gab es schon viele idiotische Antworten, die beste war noch: der Mensch ist in der Vertikalen symmetrisch, in der Horizontalen aber nicht. Oder: man sieht ihn im Spiegel von hinten?! Die Frage ist einfach idiotisch, ein Spiegel vertauscht immer die Seiten, oben und unten kann man gar nicht spiegeln. Es ist also eine Frage, die sich Semiotiker wohl stellen müssten, aber brauchen wir solche Leute wirklich?

Beide Bücher haben mich etwas verwirrt zurückgelassen, dabei sind sie interessant und gut geschrieben. Jim Holt gilt als einer der besten Science-Autoren.[67] Aber beide Bücher behandeln so viele hochintellektuelle Bereiche aus fast allen Wissenschaften in einer brillanten, sehr stark sich gegenüberstellenden und konterkarierenden Form, wo man sich nur ein paar Beispiele merken kann, weil es keine Gesamtaussage gibt. Zudem schildern sie keinen Ausweg aus all diesen heutzutage so chaotischen, pluralistischen, widersprüchlichen und wie man ja gerne

---

[66] Dieckmann, C., Rezensionsnotiz *der Frankfurter Allgemeinen* Zeitung vom 19.03.2020.
[67] Holt, J., Als Einstein und Gödel spazieren gingen, Ausflüge an den Rand des Denkens, Rowohlt (2020)

sagt ‚postfaktischen Gesellschaften‘ oder gedanklichen ‚postmodernen Grenzbereichen‘.

Was wir brauchen, ist ein eigenes Verfahren zur Identität, ein in sich selbst sublimierendes Genießen, zu dessen Kernelement, den im Kreis geschriebenen *Formel-Worten* ich noch weiter kurz Stellung nehmen will. Nur eine therapeutische Praxis kann über die faszinierenden und doch abstrakt bleibenden Theorien hinweghelfen. An diesem Punkt nämlich versagen die Schriftsteller, die Philosophen und auch die klassischen, herkömmlichen Psychotherapien. Die *Formel-Worte* bilden meist auf mehr symbolische, lexikalische, *Wort-Wirkende* Weise dasjenige ab, was im Unbewussten zwar mehr bild-wirkend, ikonographisch darauf antwortet, im letzten Moment dieser Antwort aber ins Vorbewusste übertragen wird, so dass es wieder fast mit lexikalischer Betonung im *Pass-Wort* erscheint. Überwiegt noch der ikonographische Anteil, können manchmal ganz unverständliche Aussagen zustande kommen, die man entweder gleich verwirft oder mit besonderen Nachforschungen klärt.

Wenn man es so versteht, so lexikalisch/ikonographisch, leuchtet der Begriff des ‚logischen Selbststrukturellen‘ ein. Denn es ist niemand anderer da, der diese Arbeit zwischen Bewusstem und Unbewusstem, zwischen dem Einen und dem Anderen, zwischen Mann und Frau und all dem sonst nicht Zusammenbringbaren erstellen und vollbringen kann, als man Selbst. Kein Gott ist dazu nö-tig, kein Therapeut, kein universitärer Besserwisser, auch wenn all diese Genannten ihren Wert haben und man sie nicht verneinen muss und auch wenn „die Religion in allen Weisen besteht, dieser Leere aus dem Wege zu gehen . . .", wie es auch Therapeuten und Lehrer meist tun. [68]

Und weiter, was bei Lacan diese Leere und das damit verbundene ‚Ding' „und was . . . den Diskurs der Wissenschaft angeht, . . . so kommt in ihr das Wort voll zur Geltung, das Freud bei der Paranoia und ihrem Verhältnis zur Realität verwendete – Unglauben. . . Bezüglich des Unglaubens gibt es aus unserer Sicht, eine Position des Diskurses, die sehr genau zu begreifen ist im Verhältnis zum ‚Ding' – das ‚Ding' wird in ihr verworfen im eigentlichen Sinne der Verwerfung. [69] Ebenso wie es in der Kunst eine Verdrängung des ‚Dings' und in der Religion vielleicht eine Verschiebung gibt, geht es im Diskurs der Wissenschaft, eigentlich gesprochen, um Verwerfung. Der Diskurs der Wissenschaft verwirft die Präsenz des ‚Dings', insofern sich, aus seiner Sicht, das Ideal des absoluten Wissens abzeichnet, das heißt das Ideal von etwas, das zwar das ‚Ding' setzt, doch mit ihm nicht rechnet. Jedermann weiß, dass diese Sicht sich in der Geschichte letztlich als ein Scheitern herausstellt. Der

---

[68] Lacan, J., Seminar VII, Quadriga (1996) S. 160. Es geht um die Leere als solche, die auch das ominöse ‚Ding' betrifft, über das ich sogleich berichten will.

[69] Die Verwerfung gilt als etwas Elementareres als die Verdrängung, die nicht gleich mit dem Trauma passiert, sondern meist erst ‚nachträglich'. Man ist nicht sofort traumatisiert, wenn man die Eltern im Bett überrascht, aber später, wenn man weiß, um was es da ging, ist die Peinlichkeit groß.

Diskurs der Wissenschaft ist von dieser Verwerfung be-
stimmt, deshalb wahrscheinlich – was vom Symbolischen
verworfen wird, erscheint nach meiner Formel im Realen
– läuft er auf eine Sicht hinaus, in der, am Ende der Physik, ein so Rätselhaftes wie das Ding' sich abzeichnet." [70]

So etwas kann man auch im Verfahren der *Analytischen
Psychokatharsis* erfahren. Ich habe öfters in einer Medi-
tationsgruppe bei anderen, aber auch bei mir gerade in
tieferer Versenkung ein Aufseufzen beobachten können,
einen unbewussten, automatischen Seufzer. Es handelt
sich nicht um ein gemachtes, selbstmitleidiges Seufzen,
sondern um ein aus der Tiefe kommendes, kurzes Aufseufzen, eine kaum vernehmbare Erleichterung, die direkt
aus dem Realen her auftaucht. Offenbar hat es etwas mit
einer Regression in die frühe Kindheit zu tun, die ja
wichtig für die Öffnung des Unbewussten ist. Es verhält
sich nämlich genauso im „Grundrhythmus eines ersten
Wimmerns und seines Nachlassens" beim Kleinkind,[71]
das einem ursprünglichen, bereits phonematischen ‚Laut'
aus dem Realen entspricht. Dieses Wimmern ist noch
nicht Anruf, Anspruch des Kindes an den Anderen, an die
Mutter zum Beispiel, sondern unmittelbares Reales, sein
Weh, sein Ach, sein Schmerz, der beginnende Verlust
seines ‚Dings'. So bedeutet wohl auch der Seufzer in
tiefer Meditation keine markerschütternde Klage, keinen
abgründigen Schmerz, sondern eher das Auratische des
‚Dings' noch nicht ganz erreicht zu haben.

---

[70] Lacan, J., Seminar VII, Quadriga (1996) S. 162
[71] Lacan, J., Seminar II, Walter (1980) S. 327

Während meines Studiums und der Beschäftigung mit Yoga und Meditation kannte ich einen Lehrer, der eine ganz leichte hypomanische und auratische Grundstimmung besaß. Er erzählte die Geschichte, wie er als junger Mann bei ziemlicher Kälte im Zug von seinem Gegenüber eine Decke angeboten bekam. Doch nach einiger Zeit gab er sie wieder zurück. Er fror mehr als zuvor, denn wenn er ganz innig bei sich war – so sagte er – hatte er nicht das Gefühl zu frieren. Kann man sagen, dass die Decke und die ablenkende Vermittlung mit seinem Gegenüber sein ‚Ding' eher geschwächt als gestärkt hatte? Denn es bestand wohl zwischen den beiden Reisenden keine derartige Beziehung, dass die Leere zwischen ihnen selbst mit einer starken altruistischen Geste, einem hochinteressanten Gespräch oder einer – im Sinne des Philosophen Rosas – idealen Resonanz hätte überbrückt werden können.[72] Das ‚Ding' des Yogalehrers wäre also fast verloren gegangen und konnte nur so, in der Hypomanie, weiter bewahrt werden.

Auch der Philosoph Heidegger hat sich mit dem ‚Ding' beschäftigt, indem er es im Wesen des Krugs als etwas Besonderes herausgestellt hat. „Der Krug west als Ding", sagte er. „Wie aber west das Ding?" Es west indem der Krug Wasser von oben her aufnimmt und auf der Erde zum Ausgießen sammelt, was eine Art von Geschenk- und Opferhandlung ist. „Im Wasser des Geschenks weilt die Quelle. Im Wasser der Quelle weilt die Hochzeit von Himmel und Erde. . . . Das Geschenk des Gusses aber ist

---

[72] Rosa, H., Resonanz, suhrkamp wissenschaft, (2019)

das Krughafte des Kruges und im Wesen des Kruges weilen Erde und Himmel . . ." All dies greift Lacan von der Seite des Töpfers her auf, indem dieser die Leere, das Nichts mit der Erde, dem Ton, dem Lehm umgibt. Aber dadurch schafft er ja selbst die Leere, die er vorher so noch gar nicht gekannt hat. Doch jetzt ist sie die Leere des ‚Dings‘, und deswegen ist das ‚Ding‘ das Bewusstwerden der Kluft, dieses grundsätzlichen Fehlens, das für den Menschen so bestimmend ist, das man aber wiedergewinnen kann.

Der Philosoph versucht, diesem Bestimmenden durch philosophisch poetische Sublimierung auszukommen. Doch weit gelangt er damit nicht. Schon Freud konstatierte, dass es drei Diskurstypen gibt, denen eine gewisse Sublimierung korreliert. Für die Kunst (und dies gilt jetzt auch für Heideggers philosophische Poesie) ist es die Hysterie, für die Religion die Zwangsneurose und für die Wissenschaft die Paranoia. Diese drei Formen der Sublimierung haben auch Beziehung zu dem Lacanschen ‚Ding‘, und zwar in der Art, dass das ‘Ding‘ dabei stets durch eine Leere repräsentiert sein wird, weil es nicht durch anderes repräsentiert werden kann - oder genauer, weil es repräsentiert werden kann allein durch anderes . . . Für alle Kunst ist eine bestimmte Weise der Organisation charakteristisch, die um jene Leere herum kreist." [73]

Ich zitiere gerne die Psychoanalytikerin R. Golan, die das ‚Ding‘ in die Nähe dessen rückt, was sie die ‘jouissance

---

[73] Lacan, J., Seminar VII, Quadriga (1996) S. 160

feminine' nennt, ein Genießen, das auch 'Schmerz und Leid einschließt, dafür aber auch zahlreiche innerliche Höhepunkte umfasst.'[74] Sie zielt auf so etwas wie eine transzendente Berauschtheit; sie ist nicht nur positive Rausch-Ekstase, sondern auch manchmal ein Gefühl den Tränen nachgeben zu müssen, Gefühl eines Sich-Ausschüttens, eines Weinens vor Glück, eines emotionalen Beteiligtseins am Grundsätzlichen von Freude und Leid. Auch der Schmerz ist hier eine Konzentration der Kräfte im Körper und nicht Krankheit, und das Leid ist eben Mitleid im generellen Sinne. Es geht um etwas Auratisches, nicht um vorgetäuschte Empathie.

Es geht, wie früher die Mystiker sagten, um eine innere Wesensschau. Man benötigt dazu keine Virtual-Reality-Brille und auch nicht eine magisch-mythische Ekstase wie früher. Es genügt, dass man wenigstens einmal dieses Aufbäumen gegen eine scheinbar unmenschliche Welt in sich wahrgenommen hat, dann jedoch den Schlüssel zu seiner Bewältigung eben auch durch das ‚Ding' als eine Konstanz des Blicks, der Selbst-Struktur, in der Hand hat. Bick-Konstanz ist ein Vorgang, der – auf moderne, wissenschaftliche Weise – nur durch die *Analytische Psychokatharsis* erreicht werden kann. Denn der Blick in das Dunkel der Seele wird bei ihr durch die kompaktest mögliche Formulierung, den erwähnten ‚linguistischen Kristall' der *Formel-Worte* gestützt, und in den *Pass-Worten* wird auch etwas ausgesprochen, das tröstend ist.

---

[74] Golan, R. Loving Psychoanalysis, Karnak (2006)

9. Überwältigt

Ich erwähnte den Begriff des Exzesses, den auch Saketopoulou mit dem Ausdruck ‚exzessives Element der Sexualität' verwendete, und wo es heißt, dass das überwältigende Geschehen eher als Heil angesehen wird. „Es
sollte von uns Analytikern mit so viel Aufnahmebereit-
schaft angehört werden, wie wir nur aufbringen können,
und das alles im Wissen, dass wir dies – wie aufmerksam
auch immer wir diesen Exzess zu erfassen versuchen –
nicht mit abschließender Sicherheit tun können".[75] Es
gibt also keinen sicheren und befriedigenden Abschluss
der Therapie, will man das ‚overwhelming' darin einbeziehen. Der Exzess des Laplanchschen ‚Sexualen' muss
sozusagen erfahren und in seiner Bedeutung erfasst werden, er ist nicht das Ziel der Behandlung. Oder doch?

Die Thematik wird heute in vielen psychoanalytischen
Arbeiten vermehrt diskutiert. Es wird darin oft die Behauptung aufgestellt, dass man die Psychoanalyse ‚queeren' muss, das heißt, sie nicht mehr von unbewussten
männlichen/weiblichen Identitäten her zu verstehen,
sondern von einer Vielzahl sexueller Orientierungen
(Homosexualität und neuerdings vor allem Transsexuali-
tät).[76] Den Männern mit Phantasien von einem weibli-
chen, ihrem Körper selbst innewohnenden Geschlechts-

---

[75] Stein, R. A., The otherness of sexuality: Excess, J Am Psychoanal Ass 56, 43-71
[76] Becker, S., You can always get what you want – Psychoanalyse in neoliberalen Zeiten, PSYCHE Nr. 8 (2019) S. 587

organ, wird dieses als reales Ziel der psychoanalytischen Therapie zugesprochen, auch wenn unter real nicht perfekt körperlich real zu verstehen ist.

Denn auch der Körper ist dem selbst transmännlichen Psychoanalytiker G. Hansbury zufolge schon von vornherein vielfältig, pluripotent, was er allerdings nicht präzise erklärt. Vielmehr wird einfach gesagt, „was er sein bzw. wie er dekonstruiert werden soll, damit dann ‚gesext' und ‚gegendert' werden kann es jedem und jeder möglich sein wird, dass er/sie im ‚Flux der Vielfalt schwimmt", wie die Autorin und selbst mit Transgenderfragen beschäftigte Psychoanalytikerin kritisch bemerkt.[77] Sie lehnt die ständigen Verwechslungen von unbewusster Psychologie, Projektionen, sexueller Identität, Transgenderverlangen und anderen Parametern ab und meint, das Ganze müsse man dann nicht ‚transsexuell', sondern „trans-paranoid" nennen. Denn das Verrückte an der Transgenderproblematik besteht darin, die betroffenen Personen zuerst als das Geschlecht, mit dem sie geboren wurden, als nicht genug bestätigend erfahren und denken, dass sie im anderen Geschlecht die Anerkennung bekommen: nun jedoch ganz normal, sozusagen staatlich anerkannt, der Norm entsprechend, nur eben anders. Anders normal, wobei die Betonung auf dem n o r m a l liegt, von dem sie glauben, es im Originalgeschlecht nicht gewesen zu sein.

---

[77] Von S. Becker zitierte Aussagen des Psychoanalytikers G. Hansbury bezüglich seines Artikels: Das männliche Vaginale, in PSYCHE 8 (2019) Ihre Kritik auch im gleichen Heft.

Das von vielen Psychoanalytikern betonte ‚Exzessive‘ im Freud'schen bzw. Laplanchschen ‚Sexualen‘, besteht darin, dass man nicht mehr weiter deuten kann und es so stehen lassen muss, wie man es ja heutzutage auch dem Transsexuellen zugesteht. Dieser ist so durch und durch überzeugt von seinem geschlechtlichen Anderssein, wie es das ‚Exzessive‘ auch anderswo ist und sicher von Freud so vorgebahnt wurde, auch wenn er es so nicht verstanden wissen wollte. Doch muss man zulassen, dass es so diskutiert wird. Es geht um das letzte Geheimnis zwischenmenschlicher Beziehungen, schreibt Saketopoulou, das in der Therapie eben gerade durch etwas Überwältigendes freigesetzt, vertieft besprochen und neu übersetzt wird.

Die Phantasien werden nicht mehr weitgehend hinterfragt und gedeutet, es bleibt ein wissenschaftliches Wagnis, auch wenn es spannend klingt, zu welchen Auswüchsen die Diskussionen führen. Führt es dazu, dass alle trans, ‚exzessiv‘ oder sadomasochistisch werden, weil das Unbewusste, das ja Garant der Wahrheit ist, dies nahelegt? Das Beispiel von R. Dati zeigte doch, dass ihr Unbewusstes die Wahrheit verriet, die Liebe sei ihr offensichtlich wichtiger als die Politik, von der sie sich dann auch folgerichtig zurückzog. Ein Versprecher verfährt wie ein Lügendetektor, oder ist er nur ‚transparanoid‘?

Ein Ausweg aus der Misere ist nur zu finden, wenn man nur die von Freud postulierten Grundtriebe, Grundkräfte (Eros-Lebens- und Todes-Trieb) noch ausschließlicher als ich es schon beschrieb das Es *Strahlt*) und das Es *Spricht* ersetzt und sich vorwiegend um deren Kombination kümmert. Man muss die Legierung, die Kombination dieser Kräfte (die ich auch als *Bild-Wort-Wirkendes*, bezeichnet habe) in einen besonderen, engen, reifen, gelungenen Zusammenhang bringen. Sie schließen sich nämlich nicht von vornherein im Unbewussten unter der Domäne des exzessiv ,Sexualen' zusammen, auch wenn man dies so theoretisieren und diskutieren kann. Denn während Eros-Lebens- und Todes-Trieb sich wie Feinde gegenüberstehen, tut dies das die beiden anderen Triebe, das *Strahlt/Spricht,* nicht. Dabei sind sie doch auch viel plausibler.

Denn ist nicht eine Art primärster Wahrnehmung und einer ebenso primärsten Entäußerung der Anfang des Lebens, worin der Tod nur eingeschlossen ist, wenn die Kombination der beiden völlig misslingt? Diese Auffassung lässt sich sehr gut im individuellen wie im allgemein ontischen Bereich, im persönlich-menschlichen, wie im materiell-,spirituellen' Bereich zeigen. Man kann sich gut vorstellen, dass es Kombinationen gibt, in denen das exzessiv-erotische *Strahlt* einem göttlichen *Spricht* gegenübersteht, doch ist dies nur eine Lösung. Es handelt sich um die Lösung, die seit der zig Jahrtausende alten Konzeption von Göttern, die sprechen, und Menschen, die noch tierisch sind, geherrscht hat und noch herrscht. Die Frühmenschen haben z. B. diesbezüglich ein anderes Konzept gehabt, das keineswegs besser war, aber interessant zu ergründen ist.

Ich habe Etliches über die Neandertaler gelesen und geschrieben.[78] In einem neu erschienenen Buch berichten eine Paläoanthropologin und ein Wissenschaftsjournalist ebenfalls ausführlich über diese Frühmenschengruppe.[79] Ein paar Dinge stellen sie besonders heraus. Die Neandertaler waren gedrungene, enorm robuste Frühmenschen, die von intensiver Großwildjagd und dem damit verbundenen massiven Fleischkonsum lebten. Zudem bestand Kannibalismus und Endogamie. Sie konnten eine sehr rudimentäre Sprache sprechen und hatten hochentwickelte Sinnesorgane. Zusammengefasst waren sie wohl nicht von so einer extremen Dissoziationen von Oben und Unten, Geist und Materie beherrscht, sondern verbanden in Jagd und Fressen bis hin zum Kannibalismus als eine vom Assimilieren (Wahrnehmen) und dazugehörigen Verlautungen (Sprechen) kombinierte Identität des Verschmelzens, des vom Oralen völlig beherrschten *Strahlt/Spricht*. Dies hat auch – wie die gerade genannten Autoren schreiben – ihren Untergang bewirkt. Die Neandertaler haben sich zu Tode gefressen und sind vom homo sapiens verdrängt worden, der offensichtlich etwas geschickter vorging.

In Saketopoulous Fall handelte es sich um eine ‚Sexual-Aggressive' Identität, was für mein Gefühl wohl auch nicht geschickt genug gelöst wurde. Lesbierinnen schät-

---

[78] Hummel, G. v., Der Andere des Wortes und das Andere der Sterne, BoD (2020)
[79] Condemi, S., Savatier, F., Der Neandertaler, unser Bruder. C. H. Beck (2020

zen oft ihre heterosexuellen Mütter nicht, sie schieben die potente Männlichkeit der Väter zur Seite und verehren sie eher als Statuen, als sterile Heroen, als entmannte Regenten. Sie verleugnen – wie ich schon eingangs zitierte – dass das männliche und paternale Liebesmonster etwas *Bild-Wort-Wirkendes* ist, ein heftiges heraldisches Symbol in den meisten Liebesbeziehungen. Hätte Saketopoulou ihr das nicht mehr interpretieren sollen? Sie meint jedoch, wenn die Patientin ihre Queer- und Blackness besser annehmen kann, sei genug Therapieerfolg erreicht. Doch im Zeitalter von allgemeiner Liberalisierung und Toleranz gegenüber anderer Hautfarbe, diverser Sexualität und individuellen Lebensformen, ist dies doch schon zur Norm geworden und nicht mehr so großartig. Ihren Hass gegen die Mutter hat die Patientin durch die Therapie zwar wahrnehmen können (Geschichte mit den ,griechischen Kaffee‘), aber was es mit der Vater-Metapher auf sich hat, landete genau bei der kühlen Statue, dem stilisierten Heros namens Laplanche.

Laplanche, der nämlich bei Lacan in Lehranalyse war, verweigerte seine Teilnahme an Lacans Schulgründung und setzte sich – mit Begriffen wie ,Urphantasie‘ und ,allgemeiner Verführungstheorie‘ – auch weiter von der Freud-Lacan-Richtung ab. Er trat der erzkonservativen IPA bei, die ich schon als scholastisch abgehoben charakterisiert habe, rückte immer mehr ins akademisch philosophische Milieu und wurde von diesem auch mit dem Titel eines *Knight of Arts and Letters* geehrt. Exakt dieser Knight, dieser Komtur‘, der nun selbst so tut als sei er Don Giovanni, bietet Saketopoulou und ihrer Patientin in Form seiner psychoanalytisch-literarischen Ausführungen die Möglichkeit das väterliche Liebesmonster zu kastrieren. Obwohl der Sex laut Lacan gar nicht existiert (er geschieht nur, verhält sich nur so, er ist eine Scheinbeziehung), lässt die Psychoanalytikerin den Sex als abgespaltenes Endresultat in seiner Alltäglichkeit und Inexistenz stehen. Sie ist die ‚prädödipale‘ gute Mutter, die froh ist, wenn die Patienten die Angst vor sich selbst verliert.

Es muss bessere Endresultate geben. Man kann verstehen, dass zwischen ganz oben (Laplanscher Hero) und ganz unten (dem Exzess-‚Sexualen‘) eine ungeheure Spannung herrschen muss. Laplanche und mit ihm Saketopoulou, Le Soldat und viele andere lassen es aber einfach unten stehen und bleiben oben sitzen. Genau diese Spannung – das ist meine These – haben auch die Neandertaler nicht gekannt und wohl ebenso nicht gebraucht. Es ging alles im Oralen auf, was freilich wie schon gesagt nicht die beste Lösung war. Wir heute kommen jedoch von stark kontroversgeladenen Trieb/Geist-Kombination nicht los, aber brauchen wir eine derart hoch- und auseinander-getriebene Spannung? Wir müssen ja nicht im Oralen oder Exzess-‚Sexualen‘ stecken bleiben, aber auch nicht in annähernd katatone Geistzustände vor dem Sexual-Aggressiven flüchten, so wie es beispielsweise in vielen Yoga- und Meditationsmethoden der Fall ist.

Die herkömmliche Psychoanalyse und die yogische Meditation haben ihre Grenzen, die man meiner Meinung nach nur dadurch überschreiten kann, dass man ihre Eckpunkte, ihr Essentielles, herausarbeitet und von daher eine neue Verbindung in der Theorie wie auch in der Praxis schafft. Die Rechnung ist sonst einfach, denn im Endresultat bleibt der Vater das Liebesmonster, das ist der Inhalt seiner Metapher. Und so wäre an Lumis Monsterspiel zu ergänzen: nicht die Mutter, sondern der Vater repräsentiert das Liebesmonster in diesem Spiel.

Lumi ist genau in dem Alter, in dem die Kinder den Geschlechtsunterschied bemerken, und sicher hat ihr Wunsch nach dem Spiel und insbesondere nach seiner verstärkten Variante damit zu tun, dass sie darüber mehr erfahren will. War doch der Vater für sie bisher eine gouvernantische Statue, ein onkelhafter Partner der Mutter, eine inerte Papa-Gestalt gewesen, doch nunmehr wurde er auch ein Mann, einer, der anders liebt als die Mama. Die Mama kann zwar gut das Monster spielen, das ja eigentlich gar kein Monster ist, das weiß Lumi nur zu gut, weswegen sie voll ins Risiko gehen kann. Doch jetzt müsste Imani, die Mutter, nicht so sehr an ihre noch unbewussten sexuell-aggressiven Tendenzen denken wie Saketopoulou meint.

Sie könnte ganz einfach das väterliche Liebesmonster vertreten, indem sie Lumi beim Grapschen und zwischen dem Knurr- und Gebrüll-Lauten etwas ins Ohr flüstert. Sie muss sprechen, sie könnte das ‚immer weiter und immer weiter‘ wie Lumi sagte, übernehmen, jedoch mit Worten. Sie könnte zum Beispiel raunen: ich bin die Monsterfrau vom Papa, der sagt ich soll die Kinder fressen, oder sonst etwas, das darauf hinausläuft, dass es nicht nur ein liebes, nettes Monster gibt, sondern eines, in das sich die Eltern verwandeln können. Denn solange Imani bei ihrem Monsterspiel auch redet, solange sie einen Sprechfaden aufrecht erhält, der aus der sanften, total vertrauten mütterlichen Stimme besteht, wird auch das Verleugnen des Stopp-Befehls keinen Schaden anrichten. Solange die Melodie des ‚Klang-Objekts‘[80] genauso im Zentrum steht wie die räuberischen Intimhandlungen der Vater-Imago alias des Liebesmonsters, bleibt die Spannung zwischen oben und unten, zwischen ‚Sexualem‘ und ‚Spirituellem‘ in der Schwebe. Dass das Liebesmonster knurrend und schnaubend sprechen kann und damit nicht aufhört, ist wichtig für die Fortsetzung des Spiels, aber das Flüstern ist die Fortsetzung der Therapie und Erziehung, die das Kind dann aber auch wirklich verändern wird.

Denn es handelt sich um das gleiche Spiel, das die Freudschülerin Melanie Klein mit ihrem an Kontaktlosigkeit leidenden Sohn Dick spielte und in der Psychoanalyse oft diskutiert wurde.[81] Dick spielte nur mit Bau-

---

[80] Maiello, S., Das Klang-Objekt, PSYCHE Nr. 2 (1999) S. 137-157, worin die Autorin die Frühform des Es *Strahlt* als „Erlebnisobjekt" und die Frühform des Es *Spricht* als „Klangobjekt" bezeichnete. Sie bezieht sich hier auf Vorgänge, die sogar im noch ungeborenen Kind vorgehen, wenn dieses Herzschlag und Sprechen der Mutter ‚hört' oder deren Wärme und Erregungen ‚erlebt'.

[81] Klein, M., Das Seelenleben des Kleinkindes, Suhrkamp STW (1992)

klötzen, hatte aber sonst kein Interesse für seine Umgebung, auch nicht für seine Mutter. Für Dick „gibt es weder den anderen, noch das Ich, es gibt eine reine Realität. Für ihn existiert einfach nur Dasein. Es ist das indessen keine absolut entmenschlichte Welt. Aber es ist eine erstarrte Welt, eine Realität, die keine Entwicklung mehr hat. Dick verfügt bereits über eine bestimmte Auffassungsgabe für Wörter, aber er hat nicht die Bejahung dieser Wörter vollzogen, er nimmt sie nicht an".[82]

Daraus schließt M. Klein, dass sie ihm die Wörter einfach brutal zuschieben muss, und es klingt wie eine Überwältigung, wenn – während er einen Spielzeugzug in einen Tunnel schiebt – sie zu ihm sagt: ‚Du willst deine Mutter ficken‘! Wenn Dick dadurch geschockt und wachgerüttelt schließlich anfängt, Lüste und Verbote in allen Dingen zu sehen, ist er in unserer Welt, in der Welt des normierenden ‚Ödipus' gelandet. Ist er zu unserer ‚Normalität' hin gestoßen und überwältigt worden und bejaht nun das auf immer durch Verbote bedroht-faszinierende Begehren, den Eros, das Liebesmonster, den dunklen Gott der Normalität.

Damit ist die Analyse des kleinen Dick allerdings noch lange nicht abgeschlossen. Er ist jetzt erst ein durchschnittlicher Neurotiker und wird sich vielleicht eines Tages beschweren, dass ihm seine frühe Therapeutin einen Inzestwunsch unterstellt hat. Der Inzestwunsch bei Freud ist eine theoretische Annahme, die notwendig war

---

[82] Lacan, J., Freuds technische Schriften, Seminar I, Walter (1980) S. 91 -92

zur vollständigen Beschreibung seiner Konzeption. Es ist nicht die Rede davon, dass das Subjekt dies real wünscht. So etwas kann nur die einzelne Analyse klären. Insofern ist der Trick Melanie Kleins tatsächlich nicht ganz korrekt und klingt wie ein ‚enactment‘. Aber man kann daraus lernen, dass es irgendwie im Laufe der Analyse passieren muss, dass das Subjekt sein Begehren benennt, anerkennt und nicht schweigt oder es durch Wortschweifigkeiten übergeht. Dass es dazu überwältigt wird sich der Frage des Eros, des Liebesmonsters, ganz stellen zu müssen, auch wenn kein schöner Prinz daraus resultiert.

Und so wird auch Lumi bei der ‚normalen‘ Neurose ankommen müssen und nicht mehr uferlose, gefährliche Überwältigungswünsche haben. Sie wird wissen, dass ihre Mutter eine Therapeutin ist, die ihr ins Ohr geflüstert hat, dass das Monster mitten in der Familie und nicht nur ein liebes Spielmonster ist. Doch man kann mit ihm *‚immer weiter und immer weiter‘* reden, so dass Lumi auch aufgefordert werden könnte, in einer Pause des Grabschgerangels das Monster zu fragen, was es will oder wie es heißt und tausend andere Dinge, wie sie eben auch in einer Psychoanalyse vorkommen, überwältigend, aber ohne Bruch, ohne Zerstörung, ohne Zerfleischung, Freuds Liebesmonster eben, das vielleicht nicht ganz auf dem methodischen Weg Saketopoulous auf einen zuspringt.

Dazu möchte ich nochmals betonen, dass Saketopoulous Artikel interessant und zutreffend geschildert ist, ich sehe nur, dass er nach dem Konzept des gelehrten Zeremonienmeisters Laplanche geformt ist und nicht nach dem, was der Vater der Psychoanalyse, das Liebesmonster Freud, von sich gegeben hat. Selbst wenn auch dieses heutzutage zum Epigonentum heruntergestuft ist, am Liebesmonster vorbei geht der Weg eben einfach nicht. Auch wenn Le Soldat Freuds Unausgereiftheit in seinem Irmatraum nachgewiesen hat, sie konnte dies nur tun, weil sie das zentrale Instrument der Psychoanalyse von ihm selbst hatte, und so ist das Vorgehen all der Psychoanalytiker, die Freud Fehler nachweisen, interessant, aber nicht weiter essentiell wegweisend, nicht bestimmend und keine Pioniertat.

10. Intentionalität

Schon im letzten Jahrhundert tauchte auch in der Psychoanalyse der Begriff des Intentionalen, der Intentionalität
auf.[83] Die Intention, das Bestreben, Vorhaben, Wohin-
Tendieren sollte in der Psychoanalyse das Trieb-Struktur-
Konzept Freuds ergänzen. Der Trieb hatte von vornherein
eine Definition, er war beispielsweise Oral-, Schau- oder
phallischer Trieb, doch Intentionen konnte es in noch
unausgesprochener Form geben. Das Intentionale erinnert
wieder an das Es Fühlt, Es Strebt, das ich im 4. Kapitel
beschrieben habe. Sie sind den Signifikanten zuzuordnen,
die nicht objektive Zeichen sind, an die man sich präzise
halten könnte, wie sie die im Kapitel 7 genannten All-
round-Wissenschaftlern zu verwenden versuchen. Die
Signifikanten sind vielmehr ‚Zeichen des Subjekts‘, Zeichen v o n jemand, Subjekt-Zeichen, wie sie in der Psychoanalyse genutzt werden, aber auch in anderen Wissenschaften Verwendung finden können.

Sie sind Bild-Wort-Wirkendes, Zeigend- und Sprechend-
Reales, doch die Allroundwissenschaftler wissen meist
nichts davon und auch nicht von der Psychoanalyse. Sie
erwähnen Freud und Lacan evtl. in zwei oder drei Fußno-
ten, wenn überhaupt. Es gehört zum Wesen der universitären Wissenschaft und ihrer Akteure, dass das Wissen
nicht an den Platz der Wahrheit gestellt wird, sondern an
den eines immer ‚Mehr-Wissens‘, eines ‚savoir-pour-

---

[83] Kurthen, M., Intentionalität und Sprachlichkeit in Psychoanalyse und Kognitionswissenschaft, PSYCHE Nr. 9/10 (1998)

savoir'. Ja, es handelt sich geradezu um die Lust am Wissen, der der Gelehrte frönt, und von der Nietzsche sagte, sie wolle Ewigkeit wie alle andere Lust auch.

Doch das ganze Rätsel unserer Gefühle, unserer Schaltvorgänge, unseres Denkens, unseres *Gehirns*, unserer *Bild-* und *Wort-Wirkenden* Kräfte (Wahrnehmungstriebe und Sprechtrieb) liegt darin, wie die Signifikanten sich kombinieren. Dem Sprachwissenschaftler F. de Saussure zufolge ist der *Signifikant* ein „Schema von Gegensätzen", die für den Menschen – zuerst einmal äußerst vereinfacht gesagt – nicht aushaltbar sind, so dass er zu Signifikanten Kombinationen greifen muss, um sich auszudrücken und zu entlasten. Die ersten *Signifikanten* waren also Losungs- bzw. Identitätsworte, noch weitgehend unscharf, nicht für eine komplexe Sprache geeignet. Aber erste Befehls- und Identitätsvokabeln konnten damit ausgedrückt werden.

In einer neuen Veröffentlichung rückt nun der Anthropologe und Verhaltensforscher M. Tomasello in den Mittelpunkt der Alles-Kenner.[84] Auch er hat enorm viel geforscht, experimentiert, gearbeitet und gelesen. Bereits vor längerer Zeit konnte der Philosoph J. Habermas in einer Diskussion mit Tomasello, der Gesten- und Zeigeverhalten, insbesondere „ikonische Gesten" als den Anfang auch verbaler Kommunikation darstellte,[85] ebenfalls die Entstehung der Sprache aus dem Sprechen selbst

---

[84] Tomasello, M., Mensch werden, Suhrkamp (2020)
[85] Tomasello, M. Die Ursprünge der menschlichen Kommunikation, Suhrkamp (2009)

postulieren.[86]. Doch in dem neuen, fünfhundertfünfzig Seiten dicken Buch, hat Tomasello jetzt eine umfassende Beschreibung über das Wesen des Menschen vorgelegt, die sich auf evolutionäres Gedankengut und psychologische Experimente in tiefgründiger Weise stützt.

Er geht von dem Begriff der Intentionalität aus, den er zwar nicht weiter erklärt, so dass ich ihn mit dem Wort ‚Vorhaben‘, gerichtete Strebung, Auf-Etwas-Aus-Sein, einmal vorläufig übersetze. Andere sagen, es handelt sich bei der Intentionalität um die ‚Ausrichtung aller psychischen Akte auf ein reales oder ideales Ziel‘ oder um ‚die Fähigkeit des Menschen, sich auf etwas zu beziehen (etwa auf reale oder nur vorgestellte Gegenstände, Eigenschaften oder Sachverhalte)‘.[87] Auf jeden Fall steht am Anfang der menschlichen Intentionalität, aber auch gleichermaßen der von Menschenaffen, die individuelle Intentionalität.

Tomasello vergleicht nämlich das Menschenkind mit den Schimpansen und Bonobos, wo sich in den ersten Lebensmonaten des Kleinkindes wie der Menschenaffen (auch der schon älteren) diese individuelle Intentionalität zeigt, die jedes der untersuchten Lebewesen nur auf sich bezieht. Nach neun Monaten des Menschenkindes jedoch tritt die geteilte Intentionalität auf, die bei den Menschenaffen nur in geringstem Maß auftritt. Geteilt heißt, zwei oder später sogar mehr Individuen interagie-

---

[86] Leipziger Diskussion Habermas / Tomasello in der ZEIT vom 18.6.2014, S. 46
[87] Wikipedia, Intentionalität

ren miteinander innerhalb dieser gleichen, geteilten Intentionalität. Bei den Kindern bekommt nämlich ab dieser Zeit eine soziale Komponente deutlich mehr Gewicht als bei den Menschenaffen.

Tomasello meint, diese soziale Kompetenz würde vor allen dadurch gestärkt, weil das Menschenkind von mehr Bezugspersonen als nur seiner Mutter betreut wird. Das Kind muss also früh anfangen mit mehreren Bezugspartner zu interagieren, zu kooperieren und die besagte geteilte Intentionalität entwickeln. Tomasello betont mehrmals, dass es insbesondere dieses Phänomen ist, die den weiteren sich entwickelnden Unterschied zum Menschenaffen herstellt. Doch hier findet sich bereits der erste Punkt einer Kritik, die meiner Ansicht entscheidend ist, wenn sie auch an der Grundtatsache, dass Mensch und Tier sich auseinanderbewegen, nichts ändert.

Ich habe nämlich in Tansania Löwengruppen gesehen (und auch später darüber gelesen), wo die Löwenkinder bei anderen Löwinnen und älteren Geschwistern bleiben mussten, wenn ihre Mutter mit zwei oder drei anderen Müttern auf die Jagd gehen mussten. Genau wie bei den Menschen existiert anfänglich nur die individuelle Intentionalität, indem die Löwenmutter ihre Kinder ganz abseits vom gewohnten Rudel zur Welt bringt, und so erst einmal diese dyadische Beziehung im Vordergrund steht. Doch nach einiger Zeit kehrt sie zum Rudel zurück, wo sie und ihre Kinder mit Wohlwollen, intensivem Körperkontakten und Vertrautheiten begrüßt werden. Das

Rudel besteht aus dem Löwen Papa, der meistens nicht zu Hause ist, und weiteren Löwenmüttern und deren unterschiedlich alten Kindern.

Zu all diesen Gruppenmitgliedern müssen die neuen Kinder eine geteilte Intentionalität herstellen, denn die eigene Mutter ist nunmehr verpflichtet, oft mit ein oder zwei der anderen Mütter auf Jagd zu gehen. Doch die neuen Kleinen finden sich damit gut zurecht, indem sie also auch ein bisschen geteilte Intentionalität haben. Diese kann vielleicht ganz anders gesteuert und motiviert sein, als bei den menschlichen Kindern. Tomasello hat offensichtlich davon keine Ahnung, denn dieses Phänomen gibt es tatsächlich nur bei den Löwen und bei keinem anderen Tier, also auch nicht bei den Menschenaffen. Trotzdem ist die Sache erwähnenswert, weil Tomasello exakt auf die geteilte Intentionalität als einen der wichtigsten den Menschen bestimmenden Vorgänge hinweist.

Egal, Tomasello führt nun zahlreiche und gut belegte Beispiele an, wie Menschenkind und Affe sich mehr und mehr auseinander entwickeln und so ab dem dritten kindlichen Lebensjahr über eine weitere Intentionalität verfügen, nämlich die kollektive Intentionalität. Dazu sind ganz andere kognitive Leistungen und noch weiter verstärkte Sozialkompetenzen nötig, über die nun kein Tier, kein Affe und auch kein Löwe mehr verfügt, denn das Kollektiv umfasst jetzt auch viele Menschen außerhalb der Familie oder der üblichen Bezugspersonen.

Vor allem die Untersuchungen zu Blickverfolgungen, Blickrichtungs- und Aufmerksamkeits-Einstellungen haben Übergänge ins Spiel gebracht, in denen sich Mensch und Affe ganz anders verhalten. Denn die Aufmerksamkeit beim Kleinkind ist im zweiten Lebensjahr nicht mehr nur dyadisch (folgt dem Blick, der Aufmerksamkeit der Mutter, des Erwachsenen, des Älteren), sondern bereits „triadisch" geworden, hat also den Sinn der Aufmerksamkeit beim anderen mit in die eigene Aufmerksamkeit und deren Sinn integriert. Wieder ist hier das verstärkt Soziale mit am Werk und bahnt eine sogenannte Protokommunikation an, also eine Protosprache. Jetzt gibt es kaum noch vergleichbare Elemente zwischen Kind und Menschenaffe.

Doch das ganze wunderbare System Tomasellos kommt ins Schwanken, wenn es um das Wesen der Sprache als solcher, der symbolischen Ordnung, der semantisch-, syntaktisch-, grammatischen, lexikalischen etc. Zusammenhänge geht. Tomasello ist ein ganz großer Vertreter und Befürworter für den Spracherwerb durch vorausgehende Zeigegesten- und Gebärden-Kommunikation. Soziale Imitation und geteilte sowie kollektive Intentionalität führen zu einer konventionell sprachlichen Fähigkeit, die er auch die sozial-pragmatische Auffassung des Spracherwerbs nennt. All diese Austauschfunktionen steigern sich schließlich zu der „völlig erlernten' und „völlig sozialen' Sprache, die letztendlich „kulturell normativ", als also die Kultur weiterhin fördernd erweist und den Menschen zu seinen kollektiv und konformen geistigen Höchstleistungen führt. Doch die soziale Imitation kann nur eine Signalsprache fördern, wie sie auch die Tiere kennen, und keine wirkliche Symbolsprache.

Diesen Unterschied zur Symbolsprache, also zur Sprache als solcher, die auch eine unbewusste symbolische Ordnung mitbeinhaltet, diskutiert Tomasello nicht. Lacan bezeichnet das durch Spiegelungen Verinnerlichte (maßgebliche Zeichen der Natur, letztendlich das ‚Ding‘) und den durch Sprachliches ins Seelenleben integrierten bedeutenden *Anderen* (Eltern, Lehrer, Analytiker) als wesentlich für das, was sich dann durch die erwähnten Losungsworte oder Identitätsworte (wiederholt, betont, letztlich basierend auf dem ‚Ton‘) ausdrücken lässt. Tomasello weiß auch nicht, dass die Menge der Signifikanten – wenn ich das, Lacan zitierend, so kurios sagen darf – minus Eins ergibt, dass also alles Reden, wissenschaftliches Erarbeiten, Diskutieren sich immer vor dem Hintergrund eines toten Signifikanten, eines Leersignifikanten abspielt, der eben im Unbewussten sein Unwesen treibt und alles zum Kippen bringt. Doch es geht um eine Kippen in neue Paradigmata, ins neue Leben, in neue Beziehungen und Intentionalitäten. Das muss man nur sehen können.

Tomasello verwendet den universitären Diskurs, in dem der Professor immer mehr weiß als der Student, der andere Zuhörer, Mitdenker, kollektiv Intentionalisierer. Er stellt das Wissen nicht wie der Psychoanalytiker ins Zentrum der Wahrheit, sondern eben in das eines ständigen Mehr-Wissens, mehr Forschens, mehr Begriff-Instrumentalisierens. Die universitären Bibliotheken und das immer überdimensional werdende Wissen werden immer überdimensionaler. Tomasello hat keine Ahnung, dass die Sprache der Enthüllung dient und nicht so sehr der Kommunikation, doch es geht um eine Enthüllung der Wahrheit, der das Wissen nur zu Diensten ist und nicht einen Alleingeltungsanspruch hat. Es geht ums Es Fühlt, das sich vermitteln will.

Und so schreibt er zwar auch: "Das kulturelle Lernen der Menschen bezieht sich nicht nur auf den Erwerb wichtiger Fertigkeiten und Wissensinhalte, sondern auch auf die Herstellung wichtiger sozialer Beziehungen". Auf ein Es, das vermittelt und das der Psychoanalytiker N. Sygmington auch die „Thathood", die ‚Dasheit' nannte. Doch dann argumentiert Tomasello weiter; „Eine der Hautquellen des Zusammenhalts bei allen Typen sozialer Gruppen des Menschen . . ist die Konformität". Alle sollen konform sein, und so schildert Tomasello das gelungene, sozialverbindliche, mit moralischer Identität ausgestattete Normalkind, das auf kollektive Verpflichtung, auf das kollektive und kooperative ‚wir' ausgerichtet ist.

So werden Kinder, die vorher Erwachsenen versprochen haben, Spielsachen wegzuräumen, nunmehr, als letztere weggegangen waren, aus verschiedenen Gründen von diesem, ihrem Versprechen weggelockt (guter Grund einem in Schwierigkeiten zu helfen, schlechter Grund, ein Spiel zu spielen). Beim Zurückkommen werden die Kinder gefragt, warum sie die Spielsachen nicht weggeräumt haben. Beim guten Grund war alles ok., beim schlechten Grund aber druckten die Kinder herum und fühlten sich schuldig. Aber was ist daran unmoralisch? Schließlich hatten doch die Erwachsenen sich diese Psycho-Studie ausgedacht, weil sie, und zuerst einmal nur sie die sogenannte moralische Identität hatten, die daraus bestand, dass Spielsachen immer sofort wieder aufgeräumt werden müssen. Na ja. Haben sie nicht den Kindern ein zu strenges Überich eingepflanzt?

Diese autoritäre Identität haben sie natürlich daher, weil sie selbst diese typisch menschliche Kindheit durchlaufen haben, die durch ständiges sich und andere beobachten, einbeziehen, sozial abwägen, neu moralisch justieren und im Zirkelschluss Tomasellscher Ontogenese zu verantwortungsbewussten, kollektiv intentionalistischen, moralisch identischen, kulturkonformen und sozialkooperativen Menschen wurden. Der Wertekatalog korreliert mit dem Sozialkatalog, der intentionalistische mit dem identitären, der imitative mit dem kollektiven, und so ist immer klar, wie es weiter, höher und gereifter zugehen soll. Aber was geschieht mit den ständig Unangepassten, den Beratungsresistenten und den notorischen Verweigerern? Dazu gibt es keine Information.

Was Tomasello erforscht hat, weiß man eigentlich schon lange, er hat es nur ausführlicher, wissenschaftlicher, akribischer bewiesen und dabei gleichzeitig den perfekt angepassten, normativ-normierten, idealtypisch moralisierten jungen Menschen in den Vordergrund gestellt. Nicht umsonst erwähnt er die Psychoanalyse mit keinem Wort und kennt wahrscheinlich auch all die moderne

Literatur nicht, in der so viel über die konfliktreiche und leidvolle Kindheit geschrieben wird, über Mobbing und gegenseitige Gemeinheiten in der Schule, über ständige Missverständnisse und Misshandlungen im Elternhaus, etc. ‚Moralisches Selbst‘, ‚moralisches Handeln‘, ‚moralische Urteile‘, ‚moralische Gemeinschaft‘, moralisch im Sinne des Unparteiischen gegen sich und andere, ‚moralischer Diskurs‘ bis hin zu der bei Tomasello alles gegenseitig stützenden schwindelnden Höhe der *‚zentralen moralischen Identität‘*. Sie ist der Gott des ontogenetischen (eigentlich psychoedukativen), Tomasellschen Forscherteams.

Aber warum gibt es dann trotz dieses mit ca. sechshundert hochkarätigen Literaturnachweisen bestückten Höhenflugs immer noch grauenhafte Kriege, Folter, Korruption, Intrigen, Ehedramen, Lug und Trug, Diebstahl, Mord und Perversion, wenn diese perfekt intentionalisierenden Kinder älter geworden sind? Ist Tomasello ein schöngeistiger Positivierer, der einen an I. Kant erinnert, als dieser behauptete, ein Mann, auf den draußen der Galgen wartet, könnte keine Lüsternheit mehr aufbringen, wenn man ihm noch vorher die Dame seiner Begierden zuführen würde. Muss man wirklich Therapeut sein, um zu wissen, dass „es nicht unmöglich ist, dass dieser Mann kaltblütig ins Auge fasst – um der Lust willen – die Dame in Stücke zu schneiden, zum Beispiel“?[88]

---

[88] Lacan, J., Die Ethik der Psychoanalyse, Quadriga (1995) S, 135

Kant wollte und konnte sich in seiner entrückten Gedankenhöhe die Vernunft einer totalen Unreinheit, eine totale Antivernunft, einer aggressiven Perversion, nicht mehr vorstellen, er konnte sich nicht mehr daran erinnern, dass es noch ganz andere Lüste gibt, denn die hätten sein Gebäude ins Schwanken gebracht. Kant und wohl auch den ontogenetischen Forschern ergeht es wohl so, wie es schon Aristoteles ergangen ist. Die Leute, die nicht in sein System passten, die widerborstig, sexuell deviant und sonst andersartig waren nannte er τέρατες (terates, Bestien, Scheusale), und solche passen nicht in Tomasellos Werk, obwohl sie doch auch schon im Kindesalter vorkommen, bzw. von daher ihre Prägung erhalten.

Auch in dem Werk des oben zitierten Y. N. Harari finden sich die gleichen Widersprüche. Im vorletzten seiner zu Millionen verkauften Bücher kommt Harari zum Thema des Transhumanismus, also der Welt, die über den vorläufigen Menschen hinauswachsen wird zu einer Art von Gott-Menschen.[89] Dies gelingt hauptsächlich mit künstlicher Intelligenz, die viel bessere und umfangreicher Algorithmen herstellen kann als es die sind, aus denen der heutige, vorläufige Mensch besteht. Die Informations- bzw. Daten-Verarbeitung im Gehirn und im Computer ist unermesslich, und wird in Zukunft eben zu diesem Homo Deus führen.

Aber T. Fuchs, Professor für philosophische Grundlagen der Psychiatrie und Psychotherapie zerlegt Hararis Buch

---

[89] Harari, Y. N., Homo Deus, C. H. Beck (2017)

von Grund auf.[90] „Das fängt schon mit der Abwehr der unscheinbaren Behauptung an, dass Computer es mit ‚Informationen' zu tun hätten. Doch damit Daten zur wirklichen Information werden, bedürfen sie eines Empfängers, der sie versteht. . . Für sich betrachtet, wandelt der Apparat nur elektronische Muster nach programmierten Algorithmen in andere Muster um."[91] Ein in einer Nährlösung schwimmendes perfektes Gehirn kann ohne Körper mit seinen Sinnesorganen und Rückspiegelungen aus den verschiedensten Organen gar nicht als solches funktionieren. Es ist und bliebe eine Maschine. Vom Subjekt Sein ist nicht mehr die Rede.

Und weiterhin: „Das Leben ist eine verkörperte Selbstständigkeit, die von keiner Simulation eingeholt werden kann. . . Es ist vielleicht nicht nur voreilig, sich mit lässiger Gebärde [wie Harari] vom Lebewesen Mensch zu verabschieden. Es ist auch ignorant und fahrlässig." Die Gehirn-Maschine lügt vielleicht nicht, aber sie kann auch nichts zur Wahrheit beitragen. Die *Formel*- und *Pass-Worte* lügen auch nicht, aber sie ermöglichen in gelungenerer Form die Wahrheit zu vermitteln, als es die universitären Wissenschaften je tun können. Gegenüber den Algorithmen, die Harari für die Zukunft voraussieht, indem diese sich selbst gegenseitig erneuern und verändern und das heutige Individuum völlig unterbuttern, sind

---

[90] Fuchs, T., Verteidigung des Menschen. Grundlagen einer verkörperten Anthropolpogie, Suhrkamp (2020)
[91] Zitiert nach Siemonds, M., Sind wir etwa doch keine Algorithmen? FAS vom 9. 8. 2020, S. 36

die *Formel*- und *Pass-Worte* in ihrem Schnittstellen-Aufbau transparent. Sie können kein Eigenleben entfalten, sondern nur das Eigenleben dessen, der sich selbst sein Eigen nennt. Da liegt der Unterschied.

Wie die Normal-Community und die LGBTIQ-Gesellschaft, sind auch die Allround-Gelehrten und die heute immer mehr werdenden Wut- und Protest-Marschierer nur Gegenseitigkeiten der zugrundeliegenden Signifikanten-Menge, der Minus Eins, der anders-herum Menge, der Vorder- und Rückseite des Möbiusbandes, der stets gleichen Heideggerschen „Kehre" (Vor- und Umkehre von Sein und Nichts), des Umkippens durch den Leersignifikanten oder der Gegenseitigkeit von Leben und Tod, wie der Dramatiker Dürrenmatt es konzipierte. Dürrenmatt betont im Anhang an sein Stück ‚Die Physiker', dass es im Drama nach kurzer Schilderung normaler Vorgänge zur „katastrophischst möglichen Wendung" kommen muss, mehr oder weniger also das Chaos und der Tod im Hintergrund die gleich wichtige Rolle spielt wie das Leben. Nur so wird Positives und Negatives, Gutes und Schlechtes, Schönes und Hässliches berücksichtigt.

Im Drama ‚Der Besuch der alten Dame' fordert diese von der anfangs harmonisch geschilderten Dorfgemeinschaft, dass man ihren Exgeliebten umbringen müsse, wenn sie eine Milliarde für den Ort spenden würde. Erst lehnen alle entrüstet ab, doch dann bröckelt die moralische Haltung, und man trickst die Sache irgendwie so hin, dass der Exgeliebte – selbstverursacht oder nachgeholfen – letztendlich stirbt und die alte Dame den Scheck zücken muss. Die minus Eins-Menge, die am Anfang in der Dorfgemeinschaft ungeklärt war, wird tödlich durchgerüttelt, und so wird deutlich, dass ein ganz anderer und neuer Weg gefunden werden muss.

Und genau dies glaube ich, nun mit der *Analytischen Psychokatharsis* tun zu müssen. Egal, ob man den glücklichen oder nicht so glücklichen ontogenetischen Weg durchlaufen hat, ob man moralisch oder unmoralisch ist, durch die Übungen dieses Verfahrens wird man einfach die Wahrheit über sich selbst erfahren, und dann damit so umgehen können, dass man auch das Wissen zu dieser Wahrheit hat, um sie kommunizieren zu können. Denn was immer Menschen anderen Menschen sagen, es wird nie genügend sein, es sei denn es wird in einer Weise gesagt, die der amerikanische Psychoanalytiker G. Kohon als „detached love" bezeichnet hat,[92] was vom Übersetzer dieses Artikels ein bisschen seltsam mit ‚getrennter Liebe' übersetzt wurde.

Von Liebe zu sprechen ist immer heikel, problematisch oder total daneben. Wahre, echte, tiefe, göttliche, romantische und andere mehr Formen davon, all das geht nicht, erzeugt eher eine leichte Nausea, ein flaues Gefühl, eine Trostlosigkeit. Aber die „detached love", die ich eher als eine abgeschminkte, losgelöste, distinkte Liebe nennen würde, eine, die aus dem Hintergrund, aus einer Distanz heraus wirkt, indem sie sich nicht aufdrängt und sich als

---

[92] Kohon, G., Love in a time of madness. In Green & Kohon: Love and its vicissitudes, Routledge (2005) P. 41 – 100.

solche auch gar nicht zu erkennen gibt. Doch exakt dadurch ist sie wirksamer als alles andere und kann kommuniziert werden ohne ihren Namen allzu sehr preiszugeben. Auch den Datenmaschinen kann sie Widerstand leisten.

Und so muss man das Ganze nur noch ein bisschen umbiegen in die „detached love", die in dem Verfahren der Meditation, der *Analytischen Psychokatharsis* selbst liegt, weil sie wissenschaftlich begründet ist, umbiegen also auch in eine Liebe zur Wissenschaft, zur ‚logischen Selbst-Struktur, zu sich, als dem Vater seiner Selbst, wie es auch die Psychoanalytikerin M. Mitscherlich in ihrem letzten Buch beschrieb. Mit dem Titel ‚Eine Liebe zu sich selbst, die glücklich macht', meinte sie die in ihrer Arbeit mit Patienten wirkende Unabhängigkeit und Losgelöstheit. [93] Besser hätte sie vielleicht von einer Liebe zu sich selbst als *Anderem* geschrieben, denn es handelt sich ja nicht um Narzissmus oder etwas Egomanisches.

Ich muss in dieser Weise davon reden, was ich in vielen Jahren mit der Methode der *Analytischen Psychokatharsis* erarbeitet habe, die man natürlich auch anders nennen könnte, wenn diese Bezeichnung jemanden zu akademisch, abstrakt oder sachlich-nüchtern erscheint. Ich könnte von einer Selbsttherapie reden, wenn dies nicht wieder zu simpel klingt. Es soll auf jeden Fall etwas sein, das einem Halt und Perspektive gibt und vielleicht auch dazu anregt, selbst an dem Verfahren mitzuarbeiten.

---

[93] Mitscherlich, M., Eine Liebe zu sich selbst, die glücklich macht, S. Fischer (2013)

11. Schlussbemerkung

Ich will nun das Versprechen einhalten, dass aus den Schilderungen dieses Buches ein neues, verbindendes und darüber hinausgehendes Verfahren psychischer Reifung und Stärkung erstellt werden kann. Denn die im ersten Teil geschilderte Bezüge zur Psychoanalyse zeigen die in neuerer Zeit trotz Weiterentwicklungen auftretenden Schwächen dieser Methode. Und auch im Yoga sind die großen Zeiten vorbei, in denen solche Persönlichkeiten wie Sawan und Kirpal Singh gewirkt haben. Schon grundsätzlich waren die vielen und zu sehr betonten ‚spirituellen' Ebenen geschaffen für ein Land wie Indien, wo es eine kollektive Art von allgemeiner, meist schwärmerischer und tief wurzelnder Religiosität gibt.

In seiner kurzen Schrift ‚Indien' schreibt Hermann Hesse von den dortigen Menschen, die „die unzähligen Straßen ihrer volkreichen Städte mit einem intensiven, bunten, starken Leben füllen, das dennoch mit fast ameisenhafter Geräuschlosigkeit vor sich geht, und damit unsere südeuropäischen Städte alle beschämt", ein Masse-Mensch-Gefüge, das unter einem geistigen Prinzip steht.[94] Auch ist Hesse selbst zur Hälfte Inder geworden, indem er die leicht fatalistische Gesinnung der meisten Inder teilte und von geistiger Glückseligkeit und der Menschenverbundenheit über die Rassen und Kontinente hinweg träumte. „Diese kleine, uralte Binsenwahrheit, dass es über die Völkergrenzen und Erdteile hinweg eine

---

[94] Hesse, H., Indien, GW Bd. 6 S. 274

Menschheit gibt, ist für mich das letzte und größte Ergebnis jener Reise [nach Asien] gewesen", schreibt er.[95]

Während die Psychoanalyse also weltweit in bürokratisch und scholastisch etablierten Instituten große theoretische Weisheiten verkünden, die die Praxis nicht erfüllen kann, erstarren die Meditierenden in sektiererischen Übungen, die der Wissenschaftskultur unserer Zeit nicht mehr entsprechen. Trotzdem kann man aus beiden die wichtigsten Eckpunkte entnehmen, um ein eigenes Verfahren zu entwickeln, in dem jeder Einzelne reüssieren kann. Nur der Einzelne selbst kann heutzutage diese übergeordnete Aufgabe übernehmen. In der Psychoanalyse haben die Lehrenden von Anfang an Freuds Plädoyer für die Laienanalyse geschmäht und nur Ärzte (später auch Psychologen) zur Berufsausübung zugelassen. In Yoga und Meditation sind es die vielen selbsternannten Gurus, die dem Einzelnen die Suche und Weiterentwicklung schwer machen.

Also habe ich die Grundlagen beider Methoden, das *Bild-* und das *Wort-Wirkende*, das Es *Strahlt* und *Spricht* genommen, um daraus das Verfahren der *Analytischen Psychokatharsis* zu entwickeln. Es ist von seiner praktischen Seite her – wie schon zum Teil beschrieben – sehr einfach. Trotzdem noch eine kurze Zusammenfassung und weitere *Formel-Worte.* Man sitzt in bequemer Haltung und wiederholt rein gedanklich langsam hinterei-

---

[95] Hesse, H., Indien, GW Bd. 6 S. 293

nander ein, zwei oder bis zu fünf dieser *Formel-Worte*,[96] während man gleichzeitig – anfänglich am besten bei geschlossenen Augen – darauf achtet, ob etwas auftaucht, das den Charakter eines ‚Es *Strahlt*‘ hat. Dabei kann es sich um eine Erhellung, Körperbildwahrnehmung, ein Schimmern, einen ‚Lichtpunkt‘ oder eine grundlegende Luzidität handeln, dem eben solch ein Phänomen zukommt. Das *Strahlt* ist also nicht etwas, das man selbst imaginieren, erzeugen oder gar erzwingen muss. Es ist in jedem Menschen als Primärform eines Kräftegeschehens (Wahrnehmungs- bzw. Schau-Trieb) vorhanden und muss so nur geweckt oder erwartet werden. Genauso kann aber auch ein ‚Durchrieseln‘ zu spüren sein[97] oder die Empfindung auftauchen, wie sich das eigene Körperbild verschiebt, sich weitet oder es einfach nur als schwarze Farbe, als Fleck vor den geschlossenen Augen festzustellen ist. Denn schwarz ist schon eine Wahrnehmung, die sich von der Dunkelheit im Kopf

---

[96] Weitere *Formel-Worte* sind in anderen Veröffentlichungen oder auch auf der hinten angegebenen Webseite zu finden. Vorerst genügen die hier erwähnten. Mehr als fünf sollte man nicht benötigen.

[97] Damit ist eine Erfahrung gemeint, die etwas mit atavistischen Gefühlsreaktionen zu tun hat. Die Frühmenschen haben noch viel mit ihrer unbedeckten Haut gefühlt, ertastet und umweltbezogen kommuniziert. Auch bei bewegenden Musikstücken, wenn es einem wie einen durch einen den Rücken herunterrieselnden Schauer erfasst, greifen wir auf diese eben besonders tief gehenden Emotionen zurück. In der *Analytischen Psychokatharsis* wird diese Erfahrung jedoch als Bestätigung einer Erkenntnis genutzt z. B. bei den *Pass-Worten*.

ganz gering abheben kann. Egal was auch immer ‚gesehen' oder erfahren wird, es wird den Charakter von einem auch nur ganz geringem ‚Es *Strahlt*' haben, und das genügt.

Dadurch tritt eine Entspannung ein, eine Katharsis, ein Befreiungserleben, das besonders dadurch gesteigert werden kann, wenn gleichzeitig die besagten *Formel-Worte* rein mental geübt werden. Man denkt sie langsam, fast wie monoton, und wartet auf die Erscheinung dieses irgendwie gearteten Es *Strahlt*. Links unten ist nochmals ein weiteres *Formel-Wort* dargestellt. Auch dieses (RA-DIC-IT) ist kein normales Wort aus dem Lateinischen, aber es beinhaltet mehrere sich überschneidende Bedeutungen in einer Formulierung, es ist ‚linguistisch kristallin' aufgebaut wie es Lacan vom Unbewussten sagte. Ich stelle diese weiteren *Formel-Worte* deswegen vor, weil man zum Üben vier bis fünf verwenden sollte.

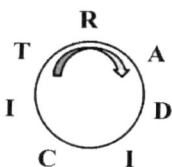

Außer dem radiat und dicit (*Strahlt* und *Spricht*) ergeben sich im Kreis geschrieben und von verschiedenen Buchstaben aus gelesen mehrere disparate Bedeutungen. So kann man hier z. B. auch „adi cit r" (geh heran, es bewegt R) „C i tradi" (hundert I übergeben), „citra di" (diesseits die Götter), „dicit ra" (es sagt ra), „r adic it" (füge r hinzu, es geht), „radi cit" (gekratzt werden, es bewegt sich), „trad ici" (erzähle, ich habe getroffen) etc. herauslesen, wobei vieles recht unsinnig klingt. Dies hat jedoch für den formalen Ausdruck keinerlei Bedeutung.

Ausschlaggebend ist nur, die wissenschaftliche Begrün-
dung (mehrere Bedeutungen in einer Formulierung, Verwendung nur anderer Schnittstellen) klar darlegen zu
können, und dies ist für das Verfahren sehr wichtig, weil
man nur so volles Vertrauen in die Methode haben kann.

Dies ist die erste Übung, die auf tatsächlichen Vorgaben
der Psychoanalyse, aber auch meditativer Methoden beruht, weil durch das mentale Reverberieren eine Regression (ein innerlicher Rückzug) erzeugt wird, die sich
gleichzeitig nur auf einen eingeengten Aspekt des Wahr-
nehmungs- bzw. Schautriebs konzentriert (das *Strahlt*)
Zudem setzt sich die *Formel-Wort*-Wiederholung an die
Stelle dessen, was man in der Psychoanalyse den Wiederholungszwang, das unbewusste Wiederholen nennt.
Dieses wird zumindest solange aufgehoben, wie die
Übungen der *Analytischen Psychokatharsis* wirken. Ich
habe schon im Haupttext angedeutet, dass dadurch eine
wesentliche Hürde der klassischen Psychoanalyse vereinfacht und vermindert wird. Während der Wiederholungszwang nämlich ein letztlich neurotisches Symptom ist,
wird er in der *Analytischen Psychokatharsis* – bild-wort-
bezogen – progressiv genutzt. Wichtig ist, dass es zu
einer Katharsis kommt, zu einer Befreiungserfahrung und
nicht nur zu einer simplen Entspannung. Man befreit sich
dadurch wenigstens für einige Zeit vom unbewussten
Wiederholungszwang und allen anderen störenden Fakto-
ren psychisch-physischer Befindlichkeit.

Auch was andere Therapieformen und deren Probleme
angeht, kann in der *Analytischen Psychokatharsis* meist

vereinfacht umgangen werden. Es genügt nämlich nicht mehr, einfach einem Therapeuten oder Meditationslehrer zu glauben und seinen einfachen Anweisungen zu folgen. Man muss heutzutage auch verstanden haben, dass das Verfahren wissenschaftliche Grundlagen hat und man mitdenken kann und soll, damit nicht in tieferen Momenten der Übungen Abhängigkeiten von der Ideologie der Methode, vom Lehrer bzw. Therapeuten oder irrationale Ängste auftreten. Das *Strahlt* (das Kristalline, Spiegelnde) der kathartischen Erfahrung ist also aus der Grundkraft des Wahrnehmungstriebs abgeleitet. Es ist somit etwas, das in jedem Menschen originär vorhanden ist, genauso wie das *Spricht* (das Linguistische, Verlautende).

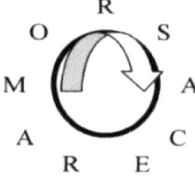

In der Psychoanalyse gehen wir davon aus, dass in der Menschentwicklung die symbolische Ordnung bzw. die Sprache eine entscheidende Funktion einnimmt. Lacan spricht wie erwähnt von den ‚Echos des Körpers', Lauten, Phrasen, die innerlich hängen geblieben oder verdrängt sind. Dieses „ça parle dans l'inconscient" (Es *Spricht* im Unbewussten) Lacans mag anfänglich nur ein Hintergrundton sein, den man in sich hören kann, später können sich daraus Bruchstücke von Phrasen oder auch Kurzsätze ergeben.

Nach dem R-A-D-I-C-I-T kann nun auch das *Formel-Wort* O-R-S-A-C-E-R-A-M hinzugenommen werden, denn sollte jemand wirklich Interesse haben, die analytisch-psychokathartische Methode zu erlernen, sind wenigstens drei dieser Formulierungen notwendig. Zwei oder gar nur eines würden einen zu schnell ermüden. In dem – einmal anders geschriebenen *Formel-Wort* C-E-R-A-M-O-R-S-A (Abbildung vorige Seite) stecken je nach Ausgangsbuchstaben folgende Bedeutungen: C eram orsa (hundertfach war ich Beginnen, amo R sacer (ich liebe das heilige R), cera morsa (das zerstückelte Wachs), mors acer (der Tod ist bitter), amor sacer (die Liebe ist heilig) usw. Wie betont, kann man diese Bedeutungen gleich wieder vergessen. Sie sind zu disparat, also auf keinen Nenner zu bringen. Denn übt man sie in dem einheitlichen Schriftzug, wird man niemals den bitteren Tod mit dem zerstückelten Wachs und dem hundertfachen Beginnen in einem Sinngehalt zusammenbringen. Wichtig ist nur zu verstehen, wie die *Formel-Worte* aufgebaut sind, so dass man wissenschaftlich-intellektuell das Verfahren jeder Zeit hinterfragen kann. Kommen irgendwelche Gefühle oder Ideen hoch, die unpassend sind oder Angst machen, kann man nachdenken oder sich weiter über das Verfahren belesen. Blinder Glaube ist nicht gefragt.

Bei der zweiten Übung wird nunmehr auf genau dieses *Spricht*, dieses ‚Körper-Echo‘, also auf einen von oben / rechts im Kopf herkommendes Verlauten, auf einen Ton, Laut, aus dem tiefen Inneren geachtet. Es sind schließlich Buchstaben, die aus diesem ‚typographischen‘ Raum herausklingen und die das Unbewusste dort gespeichert hält. Und genau in diesen Raum sind die *Formel-Worte* eingedrungen und haben die Buchstaben in ihrer

B(r)uchstaben-haftigkeit geweckt und evoziert.[98] Auch hier wieder gilt das Gleiche: es handelt sich um einen ganz originären Aspekt des Entäußerungs- bzw. Sprechtriebes, der in jedem Menschen als Primärprozess vorhanden ist und im Unbewussten sogar die Form ganz knapper, kompakter „innerer Sätze", „ultrareduzierter Phrasen" annimmt (alles Begriffe Lacans für diese lautliche Erfahrung).

Auch hier kann anfänglich oft nur ein feines Rauschen, ein ferner Laut oder Ähnliches wahrgenommen werden, der Übende wird jedoch von Anfang an bemerken, dass es sich hier um eine Konzentration auf ein mehr oben-rechts oder oben-zentral im Kopf befindliches Hör-Sprechsystem handelt, zu dem die ‚Echos des Körpers' Beziehung haben, auf die hier zurückgegriffen wird. Auch wenn das eigentliche Hör-Sprechsystem im Kopf linksseitig angelegt ist, ist eben rechtsseitig das mehr rudimentäre, musikalische und der Regression besser zugängliche Hör-Sprechsystem vorhanden, und seine Echostruktur deutlich zu sehen. Dazu passen dann eher die kurzen Phrasen der *Pass-Worte*, während bei den längeren das linksseitige System (psychoanalytisch: das Vorbewusste) eine Rolle spielt.

---

[98] Oudée Dünkelsbühler, U., Zeugnis & Schrift: B(r)uchstaben an der Couch, Les Etats Généraux de la Psychanalyse (2001), wo der Autor die unbewussten Schnittstellen zwischen den Buchstaben erwähnt, die die Versprecher aber eben auch die *Formel-Worte* und anderes kennzeichnen.

Wenn man sich über Psychoanalyse etwas beliest und auch sonst Kontakt zu literarischer und wissenschaftlicher und sonstiger Kultur hält, und auch den vorliegenden Text gelesen, sowie einen Versuch mit den Übungen gemacht hat, kurz: ein bisschen Bildungsbürger ist, wird man die oft sofort einsehbaren *Pass-Worte* richtig deuten. So schreibt Freud, dass man sogar manche Träume, die ja nun viel entstellter sind als die *Pass-Worte*, und die ja auch unmittelbar vom Symbolisch-Realen herkommen, direkt vom „Blatt weg ablesen" könnte. Man braucht nicht mehr den Träumer nach Einfällen dazu zu befragen und umständliche Interpretationen anzubringen.

Und noch ein letzter Hinweis, nach dem oft gefragt wird. Bemerkt man bei der Anwendung der *Analytischen Psychokatharsis*, dass der *Strahlt*-Anteil beim Üben zu stark ausfällt, wechselt man zur *Spricht*-Übung und umgekehrt. Ansonsten sind beide Übungen jeweils nur für etwa zwanzig Minuten durchzuführen. Der Wechsel von praktischer Erfahrung und theoretischem Denken ist wichtig, weil am Ende etwas Gemeinsames herauskommen wird: eine gedankliche Selbsterfahrung, eine praktische Logik, eine kathartische Analyse. Letztendlich finden beide Übungen zu einer ganz eigenen Identität zusammen, zu einer Gewissheit von dem, ‚was es vom EIN gibt', was die eigene Persönlichkeit ausmacht und so auch zur Möglichkeit am Verfahren mitwirken zu können.

Andererseits habe ich bereits beschrieben, dass man manchmal nicht nur in Gedanken vom meditativen Vorgang abweicht. Manchmal weicht man sogar zwischen den einzelnen *Formel-Worten* zu Bildern, Erinnerungen, zu einem Gemisch von beiden und zu *Pass-Worten* ab, und kehrt doch wieder zum *Formel-Wort*-Reverberieren zurück. Der Fortgeschrittene wird dies durchaus als bereichernd erfahren, denn er lässt sich nicht in eine einseitige *Strahlt-* oder *Spricht*-Richtung verführen, sondern bleibt beim Fortschreiten in der engen Kombination der beiden Grundtriebe, Grundprinzipien, des Spiegel- und Echodiskurses, des *Bild-Wort-Wirkenden,* um die letztlich gelungene Kombination, des ‚gute, konstante innere Objekt' der Psychoanalytiker zu realisieren.

Literaturverzeichnis

Agamben, G., Homo sacer, Stanford University Press (1998)

Albrecht, C., Psychologie des mythischen Bewusstseins (1976)

Appleton, T., Warum verschwanden die Neandertaler, Heyne (1999)

Barad, K., Verschränkungen, Merve (2015)

Brenman, E., Vom Wiederfinden des guten Objekts, fromman-holzboog (2014)

Byung-Chul Han, Die Austreibung des Anderen, Fischer Wissenschaft (2011)

Damasio, A. R., Selbst ist der Mensch, Siedler2012

Devinda Bir Narendra, Eileen Florence Wigg, Liebe Licht und Leben, Die Lebensgeschichte von Sant Kirpal Singh.

Eccles, J. C., Gehirn und Seele, Piper(1987)

Eichmeier, J., Höfer, O., Endogene Bildmuster, U&S – Verlag (1974)

Fontana, D., Kursbuch Meditation, O. W. Barth Verlag (1994)

Freud, S., Abriss der Psychoanalyse, Fischer Taschenbuch, 1996

Greenstein, G., Der gefrorene Stern, DTV (1988)

Heller-Roazen, D., The Inner Touch, Der innere Sinn, Archäologie eines Gefühls, fischer wissenschaft (2012)

Hofstadter, D., Die Analogie, Klett-Cotta (2014)

Holt, J., Als Einstein und Gödel spazieren gingen, Ausflüge an den Rand des Denkens, Rowohlt (2020)

Hummel, v. G., *Analytische Psychokatharsis*, BoD, 2011

Jung, C. G., Die Psychologie des Kundalini-Yoga, Walter (1998) S. 132

Kirpal Singh, Die Krone des Lebens, Günter (1974)

Krishna, Gopi, Über Bewusstseinserweiterung, Meditation und Yoga, Manas (1986)

Lacan, J., Die vier Grundbegriffe der Psychoanalyse, Walter,1980

Lacan, J., Schriften I – III, Walter (1984)

Lacan, J., Seminare NR. III, IV, VIII, XVII, edit. seuil (1981-1994)

Linke, D., Kunst und Gehirn, ROWOHLT (2001)

Livio, M., Ist Gott ein Mathematiker?, DTV (2014)

Merleau-Ponty, M., Das Sichtbare und das Unsichtbare, W. Fink Verlag (1994)

Overbye, D., Das Echo des Urknalls, Droemer-Knaur (1991)

Pinker, S., Der Sprachinstinkt, Kindler (1996)

Platon, Sämtliche Werke, Insel Verlag (1991

Popper, K. R., Eccles, J.C., Das Ich und sein Gehirn, Piper (1989)

Randall, L., Die Vermessung des Universums, Fischer (2012)

Rosset, C., Das Reale in seiner Einzigartigkeit, Merve (2000)

Rüdinger, D., Perrez, M., Anthropologische Aspekte der Psychologie, O. Müller (1979)

Safouan, M., Die Übertragung und das Begehren des Analytikers, Königshausen & Neumann (1997)

Schulz, I. H., Das autogene Training, Thieme (1973)

Schumacher, E. F., Small is beautiful. Die Rückkehr zum menschlichen Maß, von Müller C.F. (Juni 1995)

Siebenkäs, S., Denkbar – undenkbar, BoD (2013)

Strowik, E., Sprechende Körper, Fink-Verlag (2009)

Terenzi, F., Der Kosmos ist weiblich, Goldmann (1999)

Thomas, K., Meditation, Thieme (1973)

Weischede, Zwiebel; Neurose und Erleuchtung, Klett-Cotta, (2009)

Yogananda, P., Autobiographie eines Yogi, O. W. Barth (1998)

Weitere Bücher des Autors aus dem MCS-Verlag

Analytische Psychokatharsis
Psychoanalytische Theorie und kathartische Meditation können nicht einfach ineinander überführt werden. Setzt man beide Verfahren aber durch ein entscheidendes Element (einen „linguistischen Kristall") in Beziehung, lässt sich ein eigenes neues Verfahren begründen. Die Psychoanalyse und die meditativen Methoden werden diskutiert, und die Praxis des eigenen Verfahrens wird ausführlich

Die Revolte des Se.
Die klassische Methode der Analyse des Unbewussten stellt eine zu theoretische Revolte des Selbst dar. Um in der Praxis Erfolg zu haben bedarf es eines direkteren selbstanalytischen Verfahrens, das jeder aus sich selbst heraus entwickeln kann. Formulierungen, die in einem einzigen Schriftzug mehrere Bedeutungen enthalten, können das Unbewusste jedes Einzelnen durch mentales Üben aufbrechen und zu sich selbst befreien.

,teetrunken' Ausgangspunkt des Buches stellt die Lehre des Psychoanalytikers O. Graf Wittgenstein dar, der davon ausging, dass der Mensch in sich drei Teile birgt, die er nur verschiedentlich zu einer Einheit bzw. einheitlichen Persönlichkeit verbinden kann. Die letztliche und ideale Einheit nennt er den 'Trialog'. Anhand der Schilderung mehrerer Bergbesteigungen durchstreift der Autor alle möglichen kulturellen und psychologischen Fragestellungen, um im Endeffekt den 'Trialog' durch das Wandern, Meditieren und intellektuelle Verarbeiten zu erreichen.

Yoga und Psychoanalyse

An Hand einer wissenschaftlichen Biographie des Religionswissenschaftlers und Yogalehrers Kirpal Singh (Surat Shand Yoga) werden alle Yogaformen von der Seite der Psychoanalyse her betrachtet. Es ergibt sich die Notwendigkeit ein eigenes Verfahren zu begründen, das de· auch *Analytische Psych* nennt. Zahlreiche Bι. Schemata machen das Bucn anschaulich.

SIGNIFIKANT Gott?

Schon die unterschiedliche Groß- Kleinschreibung provoziert, dass der SIGNIFIKANT (Bezeichner, Bedeutender), ein Begriff aus der Linguistik, wichtiger sein könnte, als die altehrwürdige Vokabel Gott. Der Autor zeigt, das Jesus ein Vorläufer der modernen Psychotherapie war und somit sein Vorgehen auch für die heutige Psychoanalyse genutzt werden kann.

Psycho.net

Das Internet, soziale und neuronale Netze beherrschen heute die Diskussion um das Wesen des Menschen. Aber das Netz, das von der Subjektbezogenheit des Menschen ausgeht, ist noch nicht erfunden worden. Der Autor beschreibt, warum man Liebe zu diesem Netz benötigt, um selbst einen persönlichen und seelischen Nutzen daraus ziehen zu können.